JN412765

OPIc

진짜학습지

IM

Week

1

OPIc

진짜학습지

IM

Week

1

OPIc
진짜학습지 **IM**

초판 1쇄 발행 2022년 2월 23일
초판 4쇄 발행 2025년 7월 15일

지은이 멀티캠퍼스·시원스쿨어학연구소
펴낸곳 (주)에스제이더블유인터내셔널
펴낸이 양홍걸 이시원

홈페이지 www.siwonschool.com
주소 서울시 영등포구 영신로 166 시원스쿨
교재 구입 문의 02)2014-8151
고객센터 02)6409-0878

ISBN 979-11-6150-583-1 13740
Number 1-110806-26123000-04

Week

1

이번 주 학습 목표

◈ OPIc 평가 기준과 등급 체계에 대해 이해할 수 있다.

◈ IM 레벨 획득을 위한 학습 포인트를 익힐 수 있다.

◈ Background Survey와 Self-Assessment에 따른
문항 유형을 익힐 수 있다.

전체 MP3 모음

OPIc 기본 정보 및 IM 레벨 공략 가이드

한 눈에 보는 OPIc (Oral Proficiency Interview-computer)

1:1 인터뷰 형식
iBT 기반의 응시자 친화형
외국어 말하기 평가

20 오리엔테이션 약 20분
Background Survey와 Self-Assessment

40 시험 시간 40분
답변 제한 시간 없음

15 총 15개의 문항
선택형 주제 2세트
공통형 주제 2세트
롤플레이 1세트
*사전 선택사항에 따라 바뀔 수 있음

5 5개의 주제
자기 소개와 함께 주제별
총 5세트 출제

3 한 주제에 3 콤보
하나의 주제에 3개의 문제가
연이어 출제

세분화된 성적 등급
Novice Low 등급부터
Advanced Low 등급까지 나뉨
Intermediate Mid 등급은 3단계로 세
분화하여 제공(IM1 < IM2 < IM3)

7 다양한 언어
영어, 중국어, 러시아어, 스페인어,
한국어, 일본어, 베트남어

개인 맞춤형 문제 출제
Background Survey를 통한
문제 출제

총괄적 평가 방식
문제당 개별 점수 없음

평가 목적과 평가 영역

1. OPIc의 평가 목적은 아래와 같습니다.

> ❶ 수험자가 외국어를 활용해 어떤 일을 할 수 있는지 측정하는 것
> ❷ 실생활의 목적들과 연관하여 언어 기술을 사용할 수 있을지 측정하는 것

수험자가 얼마나 오랫동안 외국어를 학습했는지, 언제, 어디에서, 어떤 이유로 어떻게 습득하였는지 보다는 수험자의 본질적인 언어 활용 능력을 측정하는 데에 초점이 맞춰져 있다는 것을 알 수 있습니다.

2. 상세한 평가 영역은 총 4가지이고 아래와 같습니다.

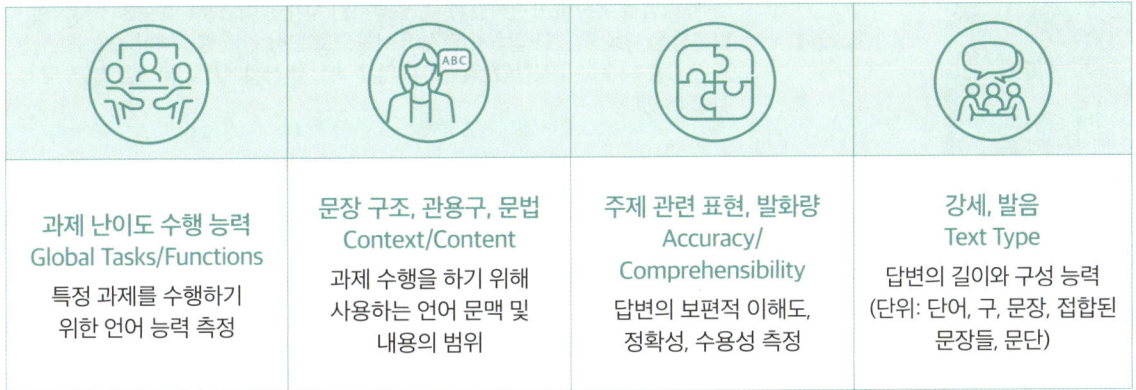

과제 난이도 수행 능력 Global Tasks/Functions 특정 과제를 수행하기 위한 언어 능력 측정	문장 구조, 관용구, 문법 Context/Content 과제 수행을 하기 위해 사용하는 언어 문맥 및 내용의 범위	주제 관련 표현, 발화량 Accuracy/ Comprehensibility 답변의 보편적 이해도, 정확성, 수용성 측정	강세, 발음 Text Type 답변의 길이와 구성 능력 (단위: 단어, 구, 문장, 접합된 문장들, 문단)

우리가 흔히 알고 있는 문법(Grammar), 어휘(Vocabulary), 발음(Pronunciation) 등의 요소는 위 평가영역 중 하나의 영역에 포함된 요소에 불과한데, OPIc은 총체적이고 다면적인 언어 수행 능력을 평가하는 시험이라는 것을 보여줍니다.

주제별 문제 유형 및 난이도

높은 등급을 받으려면 **나를 비롯한 우리, 주변 사물이나 서비스, 사회에 대한 답변이 가능**해야 합니다. 또한 주변에서 발생하는 사건이나 본인이 느끼는 감정에 대해 **다양한 시제**를 활용해 답변할 수 있어야 합니다. 세 가지 prompt 별로 요구되는 역량은 아래와 같습니다.

Novice Prompt	Intermediate Prompt	Advanced Prompt
나의 이야기, 단순 묘사	장소 묘사, 특정 일과 설명, 순차적으로 과거 설명, 질문하기(롤플레이)	과거 특정 에피소드 설명, 과거/현재 비교, 상황 해결하기(롤플레이)

등급 체계

OPIc은 면대면 인터뷰인 OPI를 최대한 인터뷰와 가깝게 만든 iBT 기반의 응시자 친화형 외국어 말하기 평가입니다.

NL Novice Low	NM Novice Mid	NH Novice High	IL Intermediate Low	IM Intermediate Mid	IH Intermediate High	AL Advanced Low

LEVEL		레벨별 요약설명
AL	Advanced Low	생각, 경험을 유창히 표현하는 수준, 일괄적인 시제 관리, 묘사 및 설명에 다양한 형용사를 사용, 적절한 접속사/연결어 사용으로 문장 간의 결속력이 높고 문단의 구조를 능숙히 구성한다. 익숙하지 않은 복잡한 상황에서도 문제를 설명, 해결할 수 있다.
IH	Intermediate High	문법적으로 크게 오류가 없는 문단 단위의 언어를 구사하고 기본적인 토론과 업무 관련 의사소통이 가능하다. 익숙하지 않거나 예측하지 못한 복잡한 상황을 만날 때, 대부분의 상황에서 사건을 설명하고 문제를 효과적으로 해결 가능하다. 발화량이 많고 다양한 어휘를 사용한다.
IM	Intermediate Mid	문법적 오류를 범하나 문장 단위의 언어를 구사하고 깊은 토론 외의 의사소통이 가능하다. 일상적인 소재 및 익숙한 상황을 문장으로 표현할 수 있다. 다양한 문장 형식이나 어휘를 실험적으로 사용하려고 하며 상대방이 조금만 배려해 주면 오랜 시간 대화가 가능하다.
IL	Intermediate Low	일상적인 소재에 한해서 짧은 문장으로 구성하며 말할 수 있다. 대화에 참여하고 선호하는 소재에서는 자신감을 가지고 말할 수 있다.
NH	Novice High	단어나 어구를 통한 의사소통이 가능하며, 일상적이고 간단한 대화가 가능하다. 일상적인 소재에 대해 복합적인 단어 혹은 문장으로 말할 수 있다.
NM	Novice Mid	이미 암기한 단어나 문장으로 말하기를 할 수 있다.
NL	Novice Low	제한적인 수준이지만 영어 단어를 나열하며 말할 수 있다.

IM 등급은 Fluency, Delivery, Production을 기준으로 IM1(하), IM2(중), IM3(상)으로 세분화 되어 제공합니다.

등급 활용

OPIc 시험 성적은 신입/경력 채용 및 인사고과 뿐만 아니라 인재 선발, 교육 평가 등 약 1,700여개의 기업 및 공기관과 다수의 대학교에서 영어 말하기 능력을 평가하는 언어 평가 도구로 활용되고 있습니다.

단체 유형별

 과제 난이도 수행 능력	• 인사고과 • 직원 평가 및 신입 선발 • 연수 과정 성과 측정 • 교육 성과 측정 (인센티브 제도 운영) • 효과적인 인재 육성 - 해외 파견 대상 선발 - 우수 어학 능력자 선발
 대학교	• 학업 능력 측정 • 학점 반영 및 학사 관리 • 어학 우수자 장학제도 운영

목적별

 신입 채용 및 인사고과	• 신입/경력 채용 시 어학 자격 제출 제도화 • 2차 전형 인터뷰 대체 • 인사제도 내 OPIc 도입 • 승진 시 자격기준, 가산점 부여
 교육 평가	• 교육/연수 과정 사전/후 평가 • 어학능력 향상도 측정
 인력 선발	• 해외 주재원 선발 자격 기준 • 우수 어학 능력자 선발

출처: 멀티캠퍼스, www.multicampus.com, 오픽 활용방안 및 OPIc 브로슈어

Background Survey

본 시험을 시작하기 전 Background Survey 응답을 기초로 개인 맞춤형 문항이 출제됩니다. 단기간 목표 등급 획득을 위한 추천 선택지를 아래와 같이 제시합니다.

1. 현재 귀하는 어느 분야에 종사하고 계십니까?

☐ 사업/회사　　☐ 재택근무/재택사업　　☐ 교사/교육자　　☐ 군 복무　　☑ 일 경험 없음

1.1. 현재 귀하는 직업이 있으십니까?

☐ 네　　　　☑ 아니오

2. 현재 귀하는 학생이십니까?

☐ 네　　　　☑ 아니오

2.2. 최근 어떤 강의를 수강했습니까?

☐ 학위 과정 수업
☐ 전문 기술 향상을 위한 평생 학습
☐ 어학 수업
☑ 수업 등록 후 5년 이상 지남

3. 현재 귀하는 어디에 살고 계십니까?

☑ 개인 주택이나 아파트에 홀로 거주
☐ 친구나 룸메이트와 함께 주택이나 아파트에 거주
☐ 가족(배우자/자녀/기타 가족 일원)과 함께 주택이나 아파트에 거주
☐ 학교 기숙사
☐ 군대 막사

아래의 4~7번 문항에서 12개 이상을 선택해 주시기 바랍니다.

4. 귀하는 여가 활동으로 주로 무엇을 하십니까? (두개 이상 선택)

☑ 영화 보기	☐ 클럽/나이트 클럽 가기	☐ 술집/바에 가기
☐ 박물관 가기	☑ 공원 가기	☐ 당구 치기
☐ 스포츠 관람	☐ 주거 개선	☐ 시험대비 과정 수강하기
☐ 게임하기	☐ 친구들에게 문자 대화하기	☐ 뉴스 보거나 듣기
☐ SNS에 글 올리기	☐ 리얼리티쇼 시청하기	☑ 쇼핑하기
☑ TV보기	☐ 스파/마사지샵 가기	☐ 구직활동 하기
☐ 요리 관련 프로그램 시청하기	☑ 공연 보기	☑ 콘서트 보기
☐ 차로 드라이브하기	☐ 캠핑하기	☑ 해변 가기
☑ 카페/커피 전문점 가기	☐ 체스하기	☐ 자원 봉사하기

5. 귀하의 취미나 관심사는 무엇입니까? (한 개 이상 선택)

☐ 아이에게 책 읽어주기	☑ 음악 감상하기	☐ 악기 연주하기
☐ 글쓰기(편지, 단문, 시 등)	☐ 그림 그리기	☐ 요리하기
☐ 독서	☐ 주식 투자하기	☐ 신문 읽기
☐ 사진 촬영하기	☐ 혼자 노래 부르거나 합창하기	☐ 춤추기

6. 귀하는 주로 어떤 운동을 즐기십니까? (한 개 이상 선택)

☐ 농구	☐ 야구/소프트볼	☐ 축구
☐ 미식 축구	☐ 하키	☐ 크리켓
☐ 골프	☐ 배구	☐ 테니스
☐ 배드민턴	☐ 탁구	☐ 수영
☐ 자전거	☐ 스키/스노보드	☐ 아이스 스케이트
☑ 조깅	☑ 걷기	☐ 요가
☐ 하이킹/트레킹	☐ 낚시	☐ 헬스
☐ 태권도	☐ 운동 수업 수강하기	☑ 운동을 전혀 하지 않음

7. 당신은 어떤 휴가나 출장을 다녀온 경험이 있습니까? (한 개 이상 선택)

☐ 국내 출장	☐ 해외 출장	☑ 집에서 보내는 휴가
☑ 국내 여행	☐ 해외 여행	

Self-Assessment

OPIc시험에서는 응시자가 스스로 시험의 난이도를 결정할 수 있습니다. 본 Self Assessment에 대한 응답을 기초로 개인 맞춤형 문제가 출제됩니다. 단계 선택에 따라 아래와 같이 Format 1,2,3으로 나뉘어지며 수험자가 받을 수 있는 최고 등급과 총 문항 수, 문항 유형이 결정됩니다.

Format 1

🔊 샘플 답변 듣기   나는 10단어 이하의 단어로 말할 수 있습니다.

🔊 샘플 답변 듣기   나는 기본적인 물건, 색깔, 요일, 음식, 의류, 숫자 등을 말할 수 있습니다.
나는 항상 완벽한 문장을 구사하지 못하고 간단한 질문도 하기 어렵습니다.

Format 2

🔊 샘플 답변 듣기   나는 나 자신, 직장, 친한 사람과 장소, 일상에 대한 기본적인 정보를 간단히 문장으로 전달할 수 있습니다. 간단한 질문을 할 수 있습니다.

🔊 샘플 답변 듣기   나는 나 자신, 일상, 일/학교와 취미에 대해 간단한 대화를 할 수 있습니다.
나는 이 친근한 주제와 일상에 대해 쉽고 간단한 문장들을 만들 수 있습니다.
나는 또한 내가 원하는 질문도 할 수 있습니다

Format 3

🔊 샘플 답변 듣기   나는 친근한 주제와 가정, 일, 학교, 개인과 사회적 관심사에 대해 자신있게 대화할 수 있습니다. 나는 일어난 일과 일어나고 있는 일, 일어날 일에 대해 합리적으로 자신있게 말할 수 있습니다. 필요한 경우 설명도 할 수 있습니다. 일상 생활에서 예기치 못한 상황이 발생하더라도 임기응변으로 대처할 수 있습니다.

🔊 샘플 답변 듣기   나는 개인적으로 사회적 또는 전문적 주제에 나의 의견을 제시하여 토론할 수 있습니다. 나는 다양하고 어려운 주제에 대해 정확하고 다양한 어휘를 사용하여 자세히 설명할 수 있습니다.

	전체 문항 수	문항 유형	최고 등급
Format 1	12	ADV 0 / INT 8 / NOV 4	IL
Format 2	15	ADV 5 / INT 8 / NOV 2	IH
Format 3	15	ADV 9 / INT 5 / NOV 1	AL

ADV: 과거 경험 설명, 과거/현재 비교, 상황 해결   **INT:** 장소 묘사, 특정 일과 설명, 순차적 과거 설명, 질문하기   **NOV:** 나의 이야기, 단순 묘사

OPIc 주관사에서 알려주는 IM 레벨의 모든 것

1. IM 레벨을 받는 수험자들의 공통적인 특성은 무엇인가요?

본인이 익숙한 주제에 관해서는 자연스럽게 답변을 이어갈 수 있지만 **제한된 어휘를 반복적으로 사용**합니다. 그리고 답변 전개 방식이 **문장의 나열**에 그쳐 하나의 이야기로 매끄럽게 연결되지 못하는 특징이 있습니다.

2. IM 레벨을 받는 사람들의 취약점은 무엇인가요?

첫째로, 논리적인 문단 구성력이 부족합니다. 특히 공통형 주제에서 익숙하지 않은 주제가 등장할 때 이러한 현상이 두드러지게 나타납니다. 일상 생활이나 친근한 주제에 대한 정보 교환은 가능하지만 주제 적합성 및 답변 구성력이 부족합니다.
둘째, 시제 관리 능력이 부족합니다. 단순한 시제 사용은 가능하지만 답변이 길어질수록 시제 사용에 오류가 생깁니다.

3. IM 레벨을 받기 위한 전략은 무엇인가요?

전략1 단어의 나열이 아닌 문장 단위로 말하기
• 복잡한 문장 형식을 연습하기 보다는 간단하고 쉬운 문장 만드는 연습하기
• 문장과 문장 사이에 끊김 현상을 줄이고 외운 티를 덜 내기 위해 filler 활용해보기
*filler 예시: You know (그러니까), I mean… (내 말은…), Well… (글쎄…)

전략2 답변 브레인스토밍 연습하기
• 도입부, 본문, 마무리 순서로 답변하는 연습하기
• First, Second, Last 등과 같이 이야기의 흐름을 잡아줄 수 있는 부사 활용하기

전략3 문제를 정확하게 듣고 답변에 활용하기
• 문제를 두 번씩 듣고, 두 번째 들을 때 답변 아이디어 떠올리기
• 주어진 문제 속 단어나 구문의 일부가 기억난다면, 답변에 그대로 적용하기
• 시제 사용에 오류가 생기지 않도록 주의를 기울이기

전략4 롤플레이(Q11, 12, 13) 완벽 대비하기
• 질문하기/문제 해결하기/경험 이야기하기 순서로 출제되는 롤플레이 유형 템플릿 암기하기
• 육하원칙을 떠올리며 주어진 주제에 관련된 질문 만드는 연습하기
• 마지막 문제(Q15) 로 등장하기도 하는 질문하기 유형에도 완벽 대비하기

문항 구성

자기소개	1 자기소개	선택형 집에서 보내는 휴가	8 휴가를 보내는 경향
선택형 쇼핑하기	2 쇼핑 습관		9 최근 휴가
	3 쇼핑 중 겪은 문제		10 기억에 남는 휴가 경험
	4 과거와 현재의 쇼핑 습관 변화	롤플레이 (선택형) 공원 가기	11 공원 가기 약속 관련 질문
공통형 은행	5 자주 가는 은행		12 친구와의 약속 취소 상황 문제 해결
	6 은행에서 겪었던 문제		13 공원 관련 경험
	7 과거와 현재의 은행 변화	공통형 집	14 내가 살고 있는 집
			15 집 관련 질문

시험 난이도 ★★★☆☆

Self-Assessment 3-3

STEP 1 어휘와 패턴 익히기

제시된 오늘의 어휘와 패턴을 익히고 답변에 사용하고자 하는 어휘나 패턴에 체크해보세요

어휘

☐	성격	personality
☐	활동적인, 소극적인	active
☐	외향적인, 사교성이 풍부한	outgoing
☐	소프트웨어	software
☐	둘 다	both
☐	은퇴한, 퇴직한	retired
☐	~하려고 노력하다	try to

패턴

• let me tell you about   ~에 대해 말해주다

Let me tell you about my dream.
제 꿈에 대해 말씀드리겠습니다.

_____ my family.
제 가족에 대해 말씀드리겠습니다.

• to talk about   ~에 대해 말하자면

To talk about my personality, I'm active and outgoing.
제 성격에 대해 말하자면, 적극적이고 사교적입니다.

_____ my job, I am an English teacher at the elementary school.
제 직업에 대해 말하자면, 저는 초등학교에서 영어 선생님을 하고 있습니다.

실전 문제를 듣고 아래 핵심 아이디어를 확인한 뒤 소리내 말해보세요.

🔊 MP3 1_1

Q1 자기소개

Let's start the interview now. Tell me a little bit about yourself.
인터뷰를 시작합니다. 당신에 대해 말해주세요.

모범답변

🔊 MP3 1_2

도입부	본문	마무리
나에 대해 말하겠음 tell you about myself	• 이름 my name is [ ] • 나이 [ ] years old • 부모님과 서울에 살고 있음 live in Seoul with my parents • 성격은 적극적이고 사교적임 active and outgoing	이게 다임. That's it.

도입부

OK, let me tell you about myself.
좋아요, 저에 대해 말해볼게요.

본문

First, my name is Juhyeong, and my English name is Mark. I am 32 years old, and I work at a software company. I live in Seoul with my parents. They are both retired. I try to spend time with them in the evenings. To talk about my personality, I'm active and outgoing. On the weekends, I like to play soccer with my friends.

우선, 제 이름은 주형이고, 영어 이름은 마크예요. 저는 32세이고 소프트웨어 회사에서 일하고 있어요. 서울에서 부모님과 함께 살고 있죠. 부모님께선 두 분 다 은퇴하셨어요. 저는 저녁에 부모님과 함께 시간을 보내려고 노력해요. 제 성격에 대해 말하자면, 적극적이고 사교적이에요. 주말에는, 친구들과 축구를 하는 것을 좋아해요.

마무리

That's it.
이게 다예요.

고득점 어휘/표현

어휘/표현

work at ~에서 일하다   software 소프트웨어   both 둘 다, 모두   retired 은퇴한, 퇴직한   try to ~하려고 노력하다   spend time with ~와 시간을 보내다   personality 성격   active 활동적인, 적극적인   outgoing 외향적인, 사교성이 풍부한

STEP 1 **기출 포인트 파악하기**

가장 많이 나오는 3 COMBO 세트

❶ 쇼핑 습관

Let's talk about your shopping habits. How often do you go shopping? What do you buy most often? Where do you go shopping? Who do you go with?

당신의 쇼핑 습관에 대해 이야기해봅시다. 얼마나 자주 쇼핑하러 가나요? 무엇을 가장 자주 사나요? 어디로 쇼핑하러 가나요? 누구와 함께 가나요?

❷ 쇼핑 중 겪은 문제

Unexpected things can happen during a shopping trip. What kind of problems have you personally experienced while shopping? How did you deal with the situation?

쇼핑을 하는 도중에 예상치 못한 일들이 일어날 수 있죠. 쇼핑을 하다가 개인적으로 어떤 문제를 겪었나요? 그 상황을 어떻게 해결했나요?

❸ 과거와 현재의 쇼핑 습관 변화

What are some major changes in people's shopping habits? Where do they shop most often? What do people most often buy?

사람들의 쇼핑 습관에 몇 가지 주된 변화가 있다면 어떤 것인가요? 어디서 가장 자주 쇼핑을 하나요? 어떤 것을 가장 자주 사나요?

오픽 꿀팁 **추가 빈출 문제**

최근 쇼핑 경험
When was the last time you went to shop for something? Where did you go and what did you buy? Who did you go with? Give me all the details.
최근 무언가를 사러 상점에 간 건 언제였나요? 어디에 가서 무엇을 샀나요? 누구와 함께 갔나요? 자세히 말해주세요.

제시된 오늘의 어휘와 패턴을 익히고 답변에 사용하고자 하는 어휘나 패턴에 체크해보세요.

어휘

☐	인기 있는, 대중적인	popular
☐	유행을 따른	fashionable
☐	최근의, 최신 유행의	up to date
☐	다양한, 여러 가지의	a variety of
☐	독특한, 유일무이한	unique
☐	취향	taste
☐	~을 고르다	pick out
☐	옷, 의상	outfit
☐	온라인 쇼핑하기	shopping online
☐	신뢰할 만한, 믿을 수 있는	trustworthy
☐	배송	shipping
☐	쇼핑 습관	shopping habit
☐	~을 통해	through
☐	귀찮은 일	hassle
☐	돈을 절약하다	save money
☐	값, 가격	price

패턴

• spend much money ~ing   ~하는데 많은 돈을 쓰다

Maybe I spend too much money shopping for clothes.
어쩌면 옷을 사는 데 너무 많은 돈을 쓰고 있는 것 같습니다.

I tend to _____ for bags.
저는 가방을 사는 데 많은 돈을 쓰는 경향이 있습니다.

• because of   ~ 때문에

Many shops are closed because of COVID.
많은 가게가 코로나 때문에 문을 닫습니다.

I need to buy more than 30 dollars _____ the delivery fee.
배송비 때문에 30달러 이상을 구매해야 합니다.

• from the comfort of   ~에서 편하게

Now, I can do it from the comfort of my bed.
이제는, 그 일을 침대에서 편하게 할 수 있어요.

I can order beautiful clothes _____ my house.
예쁜 옷들을 집에서 편하게 주문할 수 있어요.

STEP 3 나만의 문장 만들기

주어진 우리말을 보고 빈칸을 채우고 아래 모범 답안을 확인해보세요.

❶ 쇼핑 습관 – 습관

쇼핑하러 가는 것을 좋아함	I [~하는 것을 좋아하다] go shopping.
특히 새 옷 사는 것을 좋아함	I [특히] like to go shopping for new clothes.
보통 두세 달마다 쇼핑을 감	I [보통] go shopping [두세 달마다].

❷ 쇼핑 습관 – 장소 묘사

내가 좋아하는 장소는 동대문임	[내가 좋아하는 장소] to go shopping is Dongdaemun.
다양한 스타일이 있는 가게가 많음	There are many stores with [다양한] clothing styles.
싼 가격에 독특한 옷을 찾을 수 있음	I can find unique clothing for [싼 가격].

❸ 쇼핑 중 겪은 문제

요즘은 자주 쇼핑하러 가지 못함	Nowadays, I can't go shopping very [자주].
매우 바쁘고, 코로나 때문에 가게가 문을 닫음	I'm very busy, and many shops are closed [~때문에] COVID.
온라인 쇼핑을 많이 하기 시작함	I started [온라인 쇼핑하기] more.

❹ 과거와 현재의 쇼핑 습관 변화

장보러 가는 것은 귀찮은 일이었음	Going [장보기] used to be a hassle.
침대에서 편하게 그 일을 할 수 있음	Now, I can do it [~에서 편하게] my bed.
보통 가격이 저렴해서 돈도 절약할 수 있음	I can even [돈을 절약하다] because prices are usually lower.

모범 답안

❶ like to / especially / usually / every two or three months
❷ My favorite place / a variety of / a low price
❸ often / because of / shopping online
❹ grocery shopping / from the comfort of / save money

실전 문제 풀어보고 확인하기

실전 문제를 듣고 빈칸을 채우거나 소리내 말해보고 아래 모범 답안을 확인해보세요.

🔊 MP3 1_3

Q2 쇼핑 습관

Let's talk about your shopping habits. How often do you go shopping? What do you buy most often? Where do you go shopping? Who do you go with?

당신의 쇼핑 습관에 대해 이야기해봅시다. 얼마나 자주 쇼핑하러 가나요? 무엇을 가장 자주 사나요? 어디로 쇼핑하러 가나요? 누구와 함께 가나요?

모범답변

도입부	본문	마무리
쇼핑하러 가는 것을 좋아함	• 보통 두세 달마다 쇼핑하러 감 • 쇼핑하러 가기 좋아하는 장소는 동대문 • 보통 여자친구와 함께 감	옷 쇼핑에 돈을 많이 쓰는 것 같음

도입부

I like to go shopping. I especially like to go shopping for new clothes.

저는 쇼핑하러 가는 걸 좋아해요. 특히 새 옷을 사러 가는 걸 좋아하죠.

본문

I usually go shopping every two or three months. Fashion is [인기있는] my city, so there are always new clothes to buy. I like to look [유행을 따른] and [최신 유행의]. For me, my [가장 좋아하는] place to go shopping is Dongdaemun. There are many stores with [다양한] clothing styles. Sometimes, I can find [독특한] clothing for a [싼 가격]. Other than Dongdaemun, I sometimes go to IFC Mall. As for who I go shopping with, I usually go shopping with my girlfriend. She has [좋은 안목] in clothing, so she can help me [고르다] cool [옷들].

저는 보통 두세 달마다 쇼핑을 하러 갑니다. 제가 사는 도시에선 패션이 인기있어서, 항상 살 만한 새로운 옷들이 있어요. 저는 유행을 잘 따라가고 최신 유행의 옷을 입는 사람으로 보이는 게 좋아요. 저의 경우, 제가 쇼핑하러 가기 좋아하는 장소는 동대문이에요. 그곳에는 다양한 옷 스타일이 있는 가게가 많이 있어요. 때때로, 싼 가격에 독특한 옷을 찾을 수 있어요. 동대문 외에, 저는 가끔 IFC몰에 가요. 제가 함께 쇼핑을 가는 사람에 대해서 말하자면, 보통 제 여자친구와 함께 쇼핑을 갑니다. 그녀는 옷을 보는 눈이 좋기 때문에, 제가 멋진 옷을 고르는 걸 도와줄 수 있어요.

마무리

Maybe I [(돈을) 쓰다] too much money shopping for clothes.

어쩌면 옷을 사는 데 너무 많은 돈을 쓰고 있는 것 같아요.

모범 답안

popular / fashionable / up to date / favorite / a variety of / unique / low price / good taste / pick out / outfits / spend

Q2 쇼핑 습관

Let's talk about your shopping habits. How often do you go shopping? What do you buy most often? Where do you go shopping? Who do you go with?

당신의 쇼핑 습관에 대해 이야기해봅시다. 얼마나 자주 쇼핑하러 가나요? 무엇을 가장 자주 사나요? 어디로 쇼핑하러 가나요? 누구와 함께 가나요?

모범답변　　　　　　　　　　　　　　　　　　　　　　　　　　　　🔊 MP3 1_4

도입부	본문	마무리
like to go shopping	• go shopping every two or three months • My favorite place to go shopping is Dongdaemun. • usually go shopping with my girlfriend	spend too much money shopping

도입부

I like to go shopping. I especially like to go shopping for new clothes.

저는 쇼핑하러 가는 걸 좋아해요. 특히 새 옷을 사러 가는 걸 좋아하죠.

본문

I usually go shopping every two or three months. Fashion is popular in my city, so there are always new clothes to buy. I like to look fashionable and up to date. For me, my favorite place to go shopping is Dongdaemun. There are many stores with a variety of clothing styles. Sometimes, I can find unique clothing for a low price. Other than Dongdaemun, I sometimes go to IFC Mall. As for who I go shopping with, I usually go shopping with my girlfriend. She has good taste in clothing, so she can help me pick out cool outfits.

저는 보통 두세 달마다 쇼핑을 하러 갑니다. 제가 사는 도시에선 패션이 인기있어서, 항상 살 만한 새로운 옷들이 있어요. 저는 유행을 잘 따라가고 최신 유행의 옷을 입는 사람으로 보이는 게 좋아요. 저의 경우, 제가 쇼핑하러 가기 좋아하는 장소는 동대문이에요. 그곳에는 다양한 옷 스타일이 있는 가게가 많이 있어요. 때때로, 싼 가격에 독특한 옷을 찾을 수 있어요. 동대문 외에, 저는 가끔 IFC몰에 가요. 제가 함께 쇼핑을 가는 사람에 대해서 말하자면, 보통 제 여자친구와 함께 쇼핑을 갑니다. 그녀는 옷을 보는 눈이 좋기 때문에, 제가 멋진 옷을 고르는 걸 도와줄 수 있어요.

마무리

Maybe I spend too much money shopping for clothes.

어쩌면 옷을 사는 데 너무 많은 돈을 쓰고 있는 것 같아요.

고득점 어휘/표현

어휘/표현

especially 특히　usually 보통　popular 인기 있는, 대중적인　fashionable 유행을 따른　up to date 최근의, 최신 유행의　a wide selection of 다양한　sometimes 때때로, 가끔　unique 독특한, 유일무이한　other than ~외에　taste 취향, 심미안　pick out ~을 고르다　outfit 옷, 의상　spend ~을 쓰다

Q3 쇼핑 중 겪은 문제

Unexpected things can happen during a shopping trip. What kind of problems have you personally experienced while shopping? How did you deal with the situation?

쇼핑을 하는 도중에 예상치 못한 일들이 일어날 수 있죠. 쇼핑을 하다가 개인적으로 어떤 문제를 겪었나요? 그 상황을 어떻게 해결했나요?

모범답변

도입부	본문	마무리
온라인으로 쇼핑을 더 많이 하기 시작함	• 온라인 상점은 신뢰하기 어려움 • 코트 주문, 형편없이 만들어짐, 사이즈 맞지 않음 • 항의했지만 아무 일도 일어나지 않음	더 조심함

도입부

Nowadays, I can't go shopping very [자주]. I'm very [바쁜], and many shops are closed [~때문에] COVID. So, I started shopping [온라인으로] more.

요즘에, 저는 쇼핑하러 가는 것이 드물어요. 제가 매우 바쁘고, 많은 가게가 코로나 때문에 문을 닫기 때문이죠. 그래서, 온라인에서 더 많이 쇼핑하기 시작했어요.

본문

Sometimes, online shops are not [신뢰할 수 있는]. They aren't honest about their items. [예를 들어], I ordered a coat I liked on an online store. It looked cool, and the price was very good. I thought I was really lucky to find it. However, I waited a long time for the [배송]. I felt like something was [잘못된]. It finally [도착했다] after a long time, and it wasn't what I expected. The coat was [형편없이 만들어진], and it didn't [내 사이즈에 맞다]. The color was even different from on the Web site. I [항의했다], but nothing happened.

가끔, 온라인 상점들은 신뢰하기 어려워요. 그 상점들은 상품에 대해 정직하지 않아요. 예를 들어, 저는 한 온라인 상점에서 맘에 드는 코트를 주문했던 적이 있어요. 그 옷은 멋져 보였고, 가격도 매우 좋았습니다. 전 그 옷을 찾게 되어서 정말 운이 좋다고 생각했어요. 그러나, 저는 배송이 되길 오랜 시간 기다렸습니다. 무언가 잘못되었다는 생각이 들었어요. 오랜 시간 뒤에 그 옷이 마침내 도착했고, 그건 제가 기대한 것과 달랐습니다. 그 코트는 형편없이 만든 것이었고, 제 사이즈와 맞지 않았어요. 심지어 색도 웹사이트에 있는 것과 달랐어요. 저는 항의했지만, 아무런 일도 일어나지 않았어요.

마무리

So, I didn't know what to do. Now I'm more [조심하는] when I shop online.

그래서, 저는 어떻게 해야 할 지 몰랐죠. 이제 저는 온라인 쇼핑을 할 때 좀 더 조심해요.

모범 답안

often / busy / because of / online / trustworthy / For example / shipping / wrong / arrived / poorly made / match my size / complained / careful

Unexpected things can happen during a shopping trip. What kind of problems have you personally experienced while shopping? How did you deal with the situation?

쇼핑을 하는 도중에 예상치 못한 일들이 일어날 수 있죠. 쇼핑을 하다가 개인적으로 어떤 문제를 겪었나요? 그 상황을 어떻게 해결했나요?

모범답변　　　　　　　　　　　　　　　　　　　　　　　　🔊 MP3 1_6

도입부	본문	마무리
started shopping online more	• Online shops are not trustworthy. • ordered a coat, poorly made, didn't match my size • complained, but nothing happened	more careful

도입부

Nowadays, I can't go shopping very often. I'm very busy, and many shops are closed because of COVID. So, I started shopping online more.

요즘에, 저는 쇼핑하러 가는 것이 드물어요. 제가 매우 바쁘고, 많은 가게가 코로나 때문에 문을 닫기 때문이죠. 그래서, 온라인에서 더 많이 쇼핑하기 시작했어요.

본문

Sometimes, online shops are not trustworthy. They aren't honest about their items. For example, I ordered a coat I liked on an online store. It looked cool, and the price was very good. I thought I was really lucky to find it. However, I waited a long time for the shipping. I felt like something was wrong. It finally arrived after a long time, and it wasn't what I expected. The coat was poorly made, and it didn't match my size. The color was even different from on the Web site. I complained, but nothing happened.

가끔, 온라인 상점들은 신뢰하기 어려워요. 그 상점들은 상품에 대해 정직하지 않아요. 예를 들어, 저는 한 온라인 상점에서 맘에 드는 코트를 주문했던 적이 있어요. 그 옷은 멋져 보였고, 가격도 매우 좋았습니다. 전 그 옷을 찾게 되어서 정말 운이 좋다고 생각했어요. 그러나, 저는 배송이 되길 오랜 시간 기다렸습니다. 무언가 잘못되었다는 생각이 들었어요. 오랜 시간 뒤에 그 옷이 마침내 도착했고, 그건 제가 기대한 것과 달랐습니다. 그 코트는 형편없이 만든 것이었고, 제 사이즈와 맞지 않았어요. 심지어 색도 웹사이트에 있는 것과 달랐어요. 저는 항의했지만, 아무런 일도 일어나지 않았어요.

마무리

So, I didn't know what to do. Now I'm more careful when I shop online.

그래서, 저는 어떻게 해야 할 지 몰랐죠. 이제 저는 온라인 쇼핑을 할 때 좀 더 조심해요.

고득점 어휘/표현

어휘/표현

nowadays 요즘에는, 오늘날에는　trustworthy 신뢰할 만한, 믿을 수 있는　honest 정직한, 솔직한　item 물품, 품목　however 그러나, 하지만　wait for ~을 기다리다　shipping 선박, 배송　something is wrong 뭔가 잘못되다　finally 마침내　arrive 도착하다, 배달되다　expect 기대하다, 예상하다　poorly 엉망으로　match ~와 맞다　complain 항의하다, 불평하다　careful 주의하는, 조심하는

Q4 과거와 현재의 쇼핑 습관 변화

What are some major changes in people's shopping habits? Where do they shop most often?
What do people most often buy?

사람들의 쇼핑 습관에 몇 가지 주된 변화가 있다면 어떤 것인가요? 어디서 가장 자주 쇼핑을 하나요? 어떤 것을 가장 자주 사나요?

모범답변

도입부	본문	마무리
사람들의 쇼핑 습관이 많이 바뀜	• 식료품점에 갈 필요가 없음 • 쇼핑 앱을 통해서 장을 봄 • 어제 식료품을 주문함	이것이 가장 큰 변화

도입부

I think people's 쇼핑 습관 have changed a lot.

전 사람들의 쇼핑 습관이 많이 바뀌었다고 생각해요.

본문

무엇보다도 , online shopping changed everything. People don't even need to go to the grocery store anymore. 개인적으로 , I do all my grocery shopping ~을 통해 Coupang and other shopping apps. Going grocery shopping 한때는 ~이었다 be a 귀찮은 일 . Now, I can do it ~에서 편하게 my bed. I can even 돈을 절약하다 because 가격들 are usually lower. In fact, I just ordered groceries last night with Coupang, and they arrived this morning. It's that 쉬운 .

무엇보다도, 온라인 쇼핑이 모든 걸 바꿨어요. 사람들은 심지어 더 이상 식료품점에 갈 필요가 없어요. 제 경우엔, 모든 장보기는 쿠팡과 다른 쇼핑 앱들을 통해서 해요. 한때 장보러 가는 건 귀찮은 일이었어요. 이제는, 그 일을 침대에서 편하게 할 수 있어요. 가격이 보통 더 저렴하기 때문에 돈까지도 절약할 수 있죠. 사실, 제가 어제 저녁에 막 쿠팡에서 식료품을 주문했는데, 그것들이 오늘 아침에 도착했어요. 앱에서 쇼핑하는 건 그만큼 쉬워요.

마무리

Shopping has changed 다른 방식으로 , too. But, this is by far the biggest change.

쇼핑은 다른 방식으로도 변했어요. 하지만, 이게 단연코 가장 큰 변화입니다.

모범 답안

shopping habits / Most of all / Personally / through / used to / hassle / from the comfort of / save money / prices / easy / in other ways

Q4 과거와 현재의 쇼핑 습관 변화

What are some major changes in people's shopping habits? Where do they shop most often? What do people most often buy?

사람들의 쇼핑 습관에 몇 가지 주된 변화가 있다면 어떤 것인가요? 어디서 가장 자주 쇼핑을 하나요? 어떤 것을 가장 자주 사나요?

모범답변   MP3 1_8

도입부	본문	마무리
people's shopping habits have changed a lot	• don't even need to go to the grocery store • grocery shopping through shopping apps • ordered groceries last night	the biggest change

도입부

I think people's shopping habits have changed a lot.

전 사람들의 쇼핑 습관이 많이 바뀌었다고 생각해요.

본문

Most of all, online shopping changed everything. People don't even need to go to the grocery store anymore. Personally, I do all my grocery shopping through Coupang and other shopping apps. Going grocery shopping used to be a hassle. Now, I can do it from the comfort of my bed. I can even save money because prices are usually lower. In fact, I just ordered groceries last night with Coupang, and they arrived this morning. It's that easy.

무엇보다도, 온라인 쇼핑이 모든 걸 바꿨어요. 사람들은 심지어 더 이상 식료품점에 갈 필요가 없어요. 제 경우엔, 모든 장보기는 쿠팡과 다른 쇼핑 앱들을 통해서 해요. 한때 장보러 가는 건 귀찮은 일이었어요. 이제는, 그 일을 침대에서 편하게 할 수 있어요. 가격이 보통 더 저렴하기 때문에 돈까지도 절약할 수 있죠. 사실, 제가 어제 저녁에 막 쿠팡에서 식료품을 주문했는데, 그것들이 오늘 아침에 도착했어요. 앱에서 쇼핑하는 건 그만큼 쉬워요.

마무리

Shopping has changed in other ways, too. But, this is by far the biggest change.

쇼핑은 다른 방식으로도 변했어요. 하지만, 이게 단연코 가장 큰 변화입니다.

고득점 어휘/표현

어휘/표현

habit 습관   most of all 무엇보다   don't need to ~할 필요가 없다, ~하지 않아도 된다   grocery store 식료품점, 슈퍼마켓   used to ~하곤 했다, 한때는 ~이었다   hassle 귀찮은 일   from the comfort of ~에서 편하게   save 절약하다, 아끼다   in fact 사실은   by far 단연코

• 쇼핑 습관

• 쇼핑 중 겪은 문제

• 과거와 현재의 쇼핑 습관 변화

STEP 1 기출 포인트 파악하기

가장 많이 나오는 3 COMBO 세트

❶ 자주 가는 은행

Let's talk about the bank you go to. Where is it located and what is it like? What do you do from the moment you walk into the bank till you walk out? How are the people who work at the bank? Tell me everything that goes on when you visit the bank.

당신이 가는 은행에 대해 이야기해봅시다. 어디에 위치해 있고 어떻게 생겼나요? 당신이 은행에 들어서는 순간부터 그곳에서 나올 때까지 어떤 것들을 하나요? 은행에서 일하는 사람들은 어떤가요? 당신이 은행을 방문할 때 일어나는 일들에 대해 모두 말해주세요.

❷ 은행에서 겪었던 문제

Problems can occur when you're at the bank. Perhaps you could have forgotten to bring your ID. Talk about a problem you've personally had at a bank. What happened and how did you solve the problem?

당신이 은행에 갔을 때, 문제 상황이 발생할 수 있어요. 어쩌면 당신이 신분증을 가지고 오는 것을 깜빡할 수도 있고요. 당신이 개인적으로 은행에서 겪었던 문제에 대해 말해주세요. 어떤 일이 일어났고 어떻게 문제를 해결했나요?

❸ 과거와 현재의 은행 변화

Banks have changed over the years. How do banks look different than they did in the past? What kinds of changes are the most evident? What kind of impact have those changes had on the customers? Give me all the details.

은행은 수년에 걸쳐 변화했어요. 과거와 비교해서 어떤 것들이 달라졌나요? 어떤 것들이 가장 크게 바뀌었나요? 그러한 변화들이 고객들에게 어떠한 영향을 끼쳤나요? 자세히 말해주세요.

어휘와 패턴 익히기

제시된 오늘의 어휘와 패턴을 익히고 답변에 사용하고자 하는 어휘나 패턴에 체크해보세요.

어휘

☐	은행 창구 직원, 은행원	bank teller
☐	붐비는, 복잡한	crowded
☐	옮기다, 이동하다	transfer
☐	저축 통장, 예금 통장	saving account
☐	편리한, 가까운	convenient
☐	인출하다	withdraw
☐	우연히, 실수로	by accident
☐	대신에	instead
☐	입금하다, (돈을)맡기다	deposit
☐	~와 비교하여	compared to
☐	드물게, 좀처럼 ~하지 않는	rarely
☐	요금을 내다, 청구서를 지불하다	pay my bills
☐	편리한, 가까운	convenient

패턴

• **about five minutes from**   ~와 5분 거리인

It's about five minutes from my home.
집에서부터 5분 정도 거리에 있습니다.

It's _____ our school.
이곳은 우리 학교로부터 5분 정도 거리에 있습니다.

• **most of the time**   대부분, 대부분의 경우

Most of the time, I just need to use the ATM.
대부분의 경우, 자동입출금기만 쓰면 됩니다.

_____, I don't need to go to the bank.
대부분의 경우, 직접 은행에 갈 필요가 없습니다.

• **compared to**   ~와 비교하여

Banks are very different today compared to in the past.
오늘날 은행들은 과거와 비교할 때 매우 다릅니다.

_____ the past, it's much easier to manage our money these days.
과거와 비교하면. 요즘은 우리가 돈을 관리하는 것이 훨씬 쉬워졌습니다.

나만의 문장 만들기

주어진 우리말을 보고 빈칸을 채우고 아래 모범 답안을 확인해보세요.

❶ 자주 가는 은행

우선, 번호표를 뽑고 로비에서 기다림	I ___번호표를 뽑다___ and wait in the lobby.
번호가 불리면, 창구 직원을 찾아 자리에 앉음	When my number ___불리다___ , I find my teller and sit down.
직원은 항상 친절하고, 필요한 모든 일을 도와줌	The tellers at my bank are always ___친절한___ , and they help me with ___…한 모든 것___ I need.

❷ 은행에서 겪었던 문제

자동입출금기에서 한 번은 너무 많은 돈을 꺼냄	I ___꺼냈다___ too much money out of the ATM one time.
은행에 들어가서 직원분에게 말씀드림	I ___들어갔다___ the bank and spoke with an employee.
계좌에 나머지 돈을 입금하는 걸 도와주심	They helped me deposit ___나머지 돈___ back into my account.

❸ 과거와 현재의 은행 변화

사람들은 모든 일을 하기 위해 은행에 가곤 함	People ___~하곤 했다___ go to the bank for everything.
직접 돈을 인출하거나 예금했음	They ___인출했다___ or deposited money ___직접___ .
언제, 어디서든 핸드폰으로 모든 것을 할 수 있음	People can do everything ___그들의 핸드폰으로___ , anywhere, anytime.

모범 답안

❶ take a number / is called / friendly / whatever
❷ took / went into / the extra money
❸ used to / withdrew / in person / on their phone

실전 문제를 듣고 빈칸을 채우거나 소리내 말해보고 아래 모범 답안을 확인해보세요.

🔊 MP3 1_9

Q5 자주 가는 은행

Let's talk about the bank you go to. Where is it located and what is it like? What do you do from the moment you walk into the bank till you walk out? How are the people who work at the bank? Tell me everything that goes on when you visit the bank.

당신이 가는 은행에 대해 이야기해봅시다. 어디에 위치해 있고 어떻게 생겼나요? 당신이 은행에 들어서는 순간부터 그곳에서 나올 때까지 어떤 것들을 하나요? 은행에서 일하는 사람들은 어떤가요? 당신이 은행을 방문할 때 일어나는 일들에 대해 모두 말해주세요.

모범답변

도입부	본문	마무리
다른 은행이 많이 있음	• 항상 집에서 가까운 곳으로 감 • 커다란 로비, 은행 창구 직원들을 위한 책상이 있음	편리하지만 자주 가지는 않음

도입부

There are many different banks in my [동네].
우리 동네에는 많은 다양한 은행이 있습니다.

본문

I always go to the one closest to my house. It's about five minutes from my home. There's a large [로비] and several desks for the [은행 창구 직원들]. First, when I go there, I [번호표를 뽑다] and wait in the lobby. The bank is usually [~로 붐비는] people, so it [잠시 시간이 걸리다]. I look at my phone or watch the TV in the lobby. When my number is called, I find my teller and sit down. The tellers at my bank are always [친절한], and they help me with [제게 필요한 일이라면 뭐든지]. For example, they help me [송금하다] money into my different [저축 통장]. But, most of the time, I just need to use the ATM.

전 항상 집에서 가장 가까운 곳에 가요. 그곳은 집에서부터 5분 정도 거리에 있습니다. 그곳엔 커다란 로비와 은행 창구 직원들을 위한 여러 개의 책상이 있어요. 우선, 그곳에 가면, 저는 번호표를 뽑고 로비에서 기다립니다. 그 은행은 보통 사람들로 붐비기 때문에, 잠시 시간이 걸려요. 저는 핸드폰을 보거나 로비에 있는 TV를 봐요. 제 번호가 불리면, 저는 창구 직원을 찾아서 자리에 앉아요. 은행에 계신 창구 직원들은 항상 친절하고, 제게 필요한 일이라면 뭐든 도와줍니다. 예를 들어, 그분들은 제 다른 저축 통장에 송금하는 걸 도와줘요. 하지만, 대부분의 경우, 저는 자동 입출금기만 쓰면 돼요.

마무리

That's all. My bank is [편리한], but I don't go very often.
그게 다예요. 제가 거래하는 은행은 편리하지만, 그렇게 자주 가지는 않아요.

모범 답안

neighborhood / lobby / bank tellers / take a number / crowded with / takes a while / friendly / whatever I need / transfer / savings accounts / convenient

Let's talk about the bank you go to. Where is it located and what is it like? What do you do from the moment you walk into the bank till you walk out? How are the people who work at the bank? Tell me everything that goes on when you visit the bank.

당신이 가는 은행에 대해 이야기해봅시다. 어디에 위치해 있고 어떻게 생겼나요? 당신이 은행에 들어서는 순간부터 그곳에서 나올 때까지 어떤 것들을 하나요? 은행에서 일하는 사람들은 어떤가요? 당신이 은행을 방문할 때 일어나는 일들에 대해 모두 말해주세요.

모범답변   MP3 1_10

도입부	본문	마무리
many different banks	• closest to my house • a large lobby and several desks for the bank tellers	convenient, but I don't go very often

도입부

There are many different banks in my neighborhood.
우리 동네에는 많은 다양한 은행이 있습니다.

본문

I always go to the one closest to my house. It's about five minutes from my home. There's a large lobby and several desks for the bank tellers. First, when I go there, I take a number and wait in the lobby. The bank is usually crowded with people, so it takes a while. I look at my phone or watch the TV in the lobby. When my number is called, I find my teller and sit down. The tellers at my bank are always friendly, and they help me with whatever I need. For example, they help me transfer money into my different savings accounts. But, most of the time, I just need to use the ATM.

전 항상 집에서 가장 가까운 곳에 가요. 그곳은 집에서부터 5분 정도 거리에 있습니다. 그곳엔 커다란 로비와 은행 창구 직원들을 위한 여러 개의 책상이 있어요. 우선, 그곳에 가면, 저는 번호표를 뽑고 로비에서 기다립니다. 그 은행은 보통 사람들로 붐비기 때문에, 잠시 시간이 걸려요. 저는 핸드폰을 보거나 로비에 있는 TV를 봐요. 제 번호가 불리면, 저는 창구 직원을 찾아서 자리에 앉아요. 은행에 계신 창구 직원들은 항상 친절하고, 제게 필요한 일이라면 뭐든 도와줍니다. 예를 들어, 그분들은 제 다른 저축 통장에 송금하는 걸 도와줘요. 하지만, 대부분의 경우, 저는 자동 입출금기만 쓰면 돼요.

마무리

That's all. My bank is convenient, but I don't go very often.
그게 다예요. 제가 거래하는 은행은 편리하지만, 그렇게 자주 가지는 않아요.

고득점 어휘/표현

어휘/표현

be located 위치해 있다   go on 일어나다   different 서로 다른, 여러 가지의   neighborhood 근처, 인근, 동네   bank teller 은행 창구 직원, 은행원   take a number 번호표를 받다   usually 보통, 대개   be crowded with ~로 복잡하다, 붐비다   it takes a while 잠시 시간이 걸리다   whatever ~하는 일은 무엇이든지   transfer money 송금하다   account 계좌   convenient 편리한

Q6 은행에서 겪었던 문제

Problems can occur when you're at the bank. Perhaps you could have forgotten to bring your ID. Talk about a problem you've personally had at a bank. What happened and how did you solve the problem?

당신이 은행에 갔을 때, 문제 상황이 발생할 수 있어요. 어쩌면 당신이 신분증을 가지고 오는 것을 깜빡할 수도 있고요. 당신이 개인적으로 은행에서 겪었던 문제에 대해 말해주세요. 어떤 일이 일어났고 어떻게 문제를 해결했나요?

모범답변

도입부	본문	마무리
자동입출금기에서 너무 많은 돈을 인출함	• 실수로 0을 더 입력함 • 은행에 가서 직원분께 말씀드림 • 돈을 입금하도록 도와줌	심각한 문제는 아님

도입부

I don't remember having a big problem at a bank. Let me think… Oh, there was one thing. I took too much money out of the ATM 한번은 .

은행에서 큰 문제를 겪은 기억은 없어요. 생각해 볼게요... 아, 하나가 있었네요. 제가 한번은 자동입출금기에서 너무 많은 돈을 인출했었어요.

본문

I went to the bank to 인출하다 some cash from the ATM. I only needed 30,000 won. But, 실수로 , I entered an 추가의 zero. I don't know what I was thinking. So, I got 300,000 won 대신에 . I was so 놀란 when I saw all the cash. I didn't know what to do. So, I ~로 들어갔다 the bank and spoke with an 직원 . They said it happened all the time. They helped me 입금하다 the extra money back into my account. It was no problem.

전 자동입출금기로 현금을 어느 정도 인출하려고 은행에 갔었어요. 전 3만 원만 있으면 됐어요. 하지만, 실수로, 0을 더 입력했어요. 제가 무슨 생각을 하고 있었는지 모르겠어요. 그래서, 저는 대신 30만원을 갖게 됐어요. 그 돈들을 봤을 때 전 너무 놀랐어요. 어떻게 해야 할지 모르겠더라고요. 그래서, 전 은행에 가서 한 직원분에게 말씀드렸어요. 그분들은 이런 일이 맨날 일어난다고 하셨어요. 그분들은 제 계좌에 나머지 돈을 입금하는 걸 도와주셨어요. 아무 문제도 아니었어요.

마무리

That's the end. It wasn't a 심각한 문제 .

그게 끝이에요. 별로 심각한 문제가 아니었어요.

모범 답안

one time / withdraw / by accident / extra / instead / surprised / went into / employee / deposit / serious problem

Q6 은행에서 겪었던 문제

Problems can occur when you're at the bank. Perhaps you could have forgotten to bring your ID. Talk about a problem you've personally had at a bank. What happened and how did you solve the problem?

당신이 은행에 갔을 때, 문제 상황이 발생할 수 있어요. 어쩌면 당신이 신분증을 가지고 오는 것을 깜빡할 수도 있고요. 당신이 개인적으로 은행에서 겪었던 문제에 대해 말해주세요. 어떤 일이 일어났고 어떻게 문제를 해결했나요?

모범답변   🔊 MP3 1_12

도입부	본문	마무리
took too much money out of the ATM	• by accident, entered an extra zero • went into the bank and spoke with an employee • helped me deposit the extra money	wasn't a serious problem

도입부

I don't remember having a big problem at a bank. Let me think… Oh, there was one thing. I took too much money out of the ATM one time.

은행에서 큰 문제를 겪은 기억은 없어요. 생각해 볼게요... 아, 하나가 있었네요. 제가 한번은 자동입출금기에서 너무 많은 돈을 인출했었어요.

본문

I went to the bank to withdraw some cash from the ATM. I only needed 30,000 won. But, by accident, I entered an extra zero. I don't know what I was thinking. So, I got 300,000 won instead. I was so surprised when I saw all the cash. I didn't know what to do. So, I went into the bank and spoke with an employee. They said it happened all the time. They helped me deposit the extra money back into my account. It was no problem.

전 자동입출금기로 현금을 어느 정도 인출하려고 은행에 갔었어요. 전 3만 원만 있으면 됐어요. 하지만, 실수로, 0을 더 입력했어요. 제가 무슨 생각을 하고 있었는지 모르겠어요. 그래서, 저는 대신 30만원을 갖게 됐어요. 그 돈들을 봤을 때 전 너무 놀랐어요. 어떻게 해야 할지 모르겠더라고요. 그래서, 전 은행에 가서 한 직원분에게 말씀드렸어요. 그분들은 이런 일이 맨날 일어난다고 하셨어요. 그분들은 제 계좌에 나머지 돈을 입금하는 걸 도와주셨어요. 아무 문제도 아니었어요.

마무리

That's the end. It wasn't a serious problem.

그게 끝이에요. 별로 심각한 문제가 아니었어요.

고득점 어휘/표현

어휘/표현

solve ~을 해결하다   withdraw 인출하다   cash 현금   by accident 우연히, 실수로   enter 입력하다   instead 대신에   speak with ~와 얘기하다   employee 직원   all the time 내내, 아주 자주   deposit (돈을)맡기다, 예금하다

Q7 과거와 현재의 은행 변화

Banks have changed over the years. How do banks look different than they did in the past? What kinds of changes are the most evident? What kind of impact have those changes had on the customers? Give me all the details.

은행은 수년에 걸쳐 변화했어요. 과거와 비교해서 어떤 것들이 달라졌나요? 어떤 것들이 가장 크게 바뀌었나요? 그러한 변화들이 고객들에게 어떠한 영향을 끼쳤나요? 자세히 말해주세요.

모범답변

도입부	본문	마무리
오늘날 은행은 매우 다름	• 직접 가서 돈을 인출하거나 예금함 • 요즘은 언제, 어디서든 핸드폰으로 할 수 있음 • 금융상의 조언을 줌	이러한 변화는 은행에도 좋음

도입부

Banks are very different today   ~와 비교하여   in the past.
오늘날 은행들은 과거와 비교할 때 매우 다릅니다.

본문

People used to go to the bank for everything. They   인출했다   or   예금했다   money   직접 . But, things are very different now. People can do everything on their phone, anywhere, anytime. Personally, I   거의 ~않다   go to the bank nowadays. I can manage my accounts and   요금을 지불하다   on my phone. Second, they   제공하다   new services like giving   금융상의 조언 . For example, they used to only offer savings accounts, but now there are many   투자 선택지들 . So, people can have more options with their money. Of course, these changes are very   편리한   for customers.

사람들은 일일이 은행에 가곤 했어요. 직접 가서 돈을 인출하거나 예금했죠. 하지만, 지금은 매우 달라요. 사람들은 모든 걸 핸드폰으로 할 수 있어요. 제 경우엔, 요즘 은행에 거의 가지 않아요. 전 제 핸드폰으로 계좌를 관리하고 요금을 낼 수 있어요. 다음으로, 은행들은 금융상의 조언을 주는 것과 같은 새로운 서비스들을 제공해요. 예를 들어, 전에는 저축 계좌만을 제공하곤 했지만, 지금은 많은 투자 상품들이 있죠. 그래서, 사람들은 돈과 관련해 더 많은 선택지를 가질 수 있어요. 물론, 이런 변화들은 고객들에게 편리합니다.

마무리

I think these changes are   ~에게 좋은   banks, too.
제 생각에 이런 변화들은 은행들에게도 좋은 것 같아요.

모범 답안

compared to / withdrew / deposited / in person / rarely / pay my bills / offer / financial advice / investment options / convenient / good for

Q7 과거와 현재의 은행 변화

Banks have changed over the years. How do banks look different than they did in the past? What kinds of changes are the most evident? What kind of impact have those changes had on the customers? Give me all the details.

은행은 수년에 걸쳐 변화했어요. 과거와 비교해서 어떤 것들이 달라졌나요? 어떤 것들이 가장 크게 바뀌었나요? 그러한 변화들이 고객들에게 어떠한 영향을 끼쳤나요? 자세히 말해주세요.

모범답변   🔊 MP3 1_14

도입부	본문	마무리
very different today	• withdrew or deposited money in person • can do everything on their phone, anywhere, anytime • giving financial advice	good for banks, too

도입부

Banks are very different today compared to in the past.

오늘날 은행들은 과거와 비교할 때 매우 다릅니다.

본문

People used to go to the bank for everything. They withdrew or deposited money in person. But, things are very different now. People can do everything on their phone, anywhere, anytime. Personally, I rarely go to the bank nowadays. I can manage my accounts and pay my bills on my phone. Second, they offer new services like giving financial advice. For example, they used to only offer savings accounts, but now there are many investment options. So, people can have more options with their money. Of course, these changes are very convenient for customers.

사람들은 일일이 은행에 가곤 했어요. 직접 가서 돈을 인출하거나 예금했죠. 하지만, 지금은 매우 달라요. 사람들은 모든 걸 핸드폰으로 할 수 있어요. 제 경우엔, 요즘 은행에 거의 가지 않아요. 전 제 핸드폰으로 계좌를 관리하고 요금을 낼 수 있어요. 다음으로, 은행들은 금융상의 조언을 주는 것과 같은 새로운 서비스들을 제공해요. 예를 들어, 전에는 저축 계좌만을 제공하곤 했지만, 지금은 많은 투자 상품들이 있죠. 그래서, 사람들은 돈과 관련해 더 많은 선택지를 가질 수 있어요. 물론, 이런 변화들은 고객들에게 편리합니다.

마무리

I think these changes are good for banks, too.

제 생각에 이런 변화들은 은행들에게도 좋은 것 같아요.

고득점 어휘/표현

어휘/표현

evident 명백한, 분명한   impact 영향, 충격, 영향을 주다   compared to ~ ~와 비교하여   withdraw 꺼내다, 인출하다   deposit 맡기다, 예금하다   personally 개인적으로   rarely 거의 ~ 않다   nowadays 요즘에   manage 관리하다   pay one's bill 요금을 지불하다   financial 금융의, 재정의   offer 제공하다   option 선택, 선택지   investment 투자   of course 물론   convenient 편리한

나만의 OPIc 답변 만들어 보기

• 자주 가는 은행

• 은행에서 겪었던 문제

• 과거와 현재의 은행 변화

Q 8 9 10
집에서 보내는 휴가

STEP 1 기출 포인트 파악하기

가장 많이 나오는 3 COMBO 세트

❶ 휴가를 보내는 경향

You indicated that you take vacations at home. Who do you meet when you spend vacations at home? What do you do with them? Plus, who do you want to meet in the future for your vacation? Why is that?

설문조사에서 당신은 집에서 휴가를 보낸다고 했어요. 집에서 휴가를 보낼 때 누구를 만나나요? 그들과 무엇을 하나요? 또한, 앞으로 있을 휴가에는 누구를 만나고 싶나요? 그 이유는 무엇인가요?

❷ 최근 휴가

Tell me about what you did during your last vacation. How did your vacation start and how did it end? What did you do on each day? Tell me everything about the things you did on your last vacation at home.

지난 휴가에 무엇을 했는지에 대해 말해주세요. 당신의 휴가는 어떻게 시작되고 끝이 났나요? 매일 무엇을 했나요? 집에서 보낸 지난 휴가에 무엇을 했는지 자세히 말해주세요.

❸ 기억에 남는 휴가 경험

Now, tell me about an unusual or unexpected experience you had during a vacation you spent at home. Why was it memorable? Who were you with? Where were you at? What did you do? What are some things or events that you remember?

지금부터는, 집에서 휴가를 보내는 동안 겪은 색다르거나 예상치 못한 경험에 대해 이야기해주세요. 기억에 남는 이유는 무엇인가요? 누구와 함께 있었나요? 어디에 있었나요? 무엇을 했나요? 기억나는 일이나 사건은 어떤 것들인가요?

오픽 꿀팁 추가 빈출 문제

집에서 보내는 휴가의 변화
You indicated that you take vacations at home. What do people in your country normally do on their vacations? How has the way they spend vacations changed over the years? Tell me everything in detail.
당신은 집에서 휴가를 보낸다고 했습니다. 당신 나라의 사람들은 휴가에 주로 무엇을 하나요? 지난 몇 년간 휴가를 보내는 방식은 어떻게 변화했나요? 모든 걸 자세히 말해주세요.

어휘와 패턴 익히기

제시된 오늘의 어휘와 패턴을 익히고 답변에 사용하고자 하는 어휘나 패턴에 체크해보세요.

어휘

☐	(소식을)따라잡다	catch up
☐	~를 데리고 나가 대접하다	take out
☐	고마워하다, 진가를 알아보다	appreciate
☐	흥미로운	exciting
☐	닳아 해진, 매우 지친	worn out
☐	쉬다, 휴식을 취하다	rest
☐	물건을 정리하다	organize stuff
☐	따라잡다, ~을 보충하다	catch up on
☐	늦게까지 외출하다	stay out late
☐	숙취에 시달리는	hungover
☐	생기를 되찾은, 상쾌해진	refreshed
☐	~의 도중에, ~의 중간에	in the middle of
☐	끔찍한, 몸(기분)이 안 좋은	terrible
☐	끔찍한	awful

패턴

• **so ~ that**   너무 ~ 해서 ~ 하다

It was **so** bad **that** I couldn't get back to sleep.
너무 심해서 다시 잠들 수 없을 정도였습니다.

It was _____ comfortable _____ I didn't want to go out.
너무 편해서 밖으로 나가고 싶지 않았습니다.

• **even worse**   더 심각한 것은, 설상가상으로, 게다가

Even worse, I didn't have any stomach medicine at home.
설상가상으로, 저는 집에 아무 위장약도 갖고 있지 않았습니다.

_____, the weather was too cold outside.
설상가상으로, 바깥의 날씨가 너무 추웠습니다.

• **for many reasons**   여러가지 이유로

For many reasons, I like to spend my vacations at home.
여러가지 이유로, 전 집에서 휴가를 보내고 싶습니다.

_____, I love to stay at home.
여러가지 이유로, 전 집에 있는 것을 좋아합니다.

나만의 문장 만들기

주어진 우리말을 보고 빈칸을 채우고 아래 모범 답안을 확인해보세요.

❶ 휴가를 보내는 경향

여러가지 이유로, 집에서 휴가를 보내는 것을 좋아함	[여러가지 이유로], I like to [(시간을)보내다] my vacations at home.
일에 대한 생각없이 쉬는 것을 좋아함	I like to relax [~없이] thinking about work.
가족과 친구를 만남	I meet my family and friends [~동안] this time.

❷ 최근 휴가

집에서 청소하면서 휴가를 시작함	I started my vacation [청소하면서] my home.
밀린 TV쇼를 보면서 혼자 시간을 보냄	I spent time alone [밀린 ~를 보면서] my favorite TV shows.
친구를 만남	[나중에], I met with my friends.

❸ 기억에 남는 휴가 경험

매우 아픈 상태로 집에서 휴가를 보냄	I spent one vacation [집에서] very sick.
프라이드 치킨이 이유였던 것 같음	I think it was [아마] the fried chicken I [주문했다] for dinner.
복통 때문에 한밤중에 일어남	I woke up [한밤중에] with terrible stomach pain.

모범 답안

❶ For many reasons / spend / without / during
❷ by cleaning / catching up on / Later
❸ at home / probably / ordered / in the middle of the night

실전 문제를 듣고 빈칸을 채우거나 소리내 말해보고 아래 모범 답안을 확인해보세요.

🔊 MP3 1_15

Q8 휴가를 보내는 경향

You indicated that you take vacations at home. Who do you meet when you spend vacations at home? What do you do with them? Plus, who do you want to meet in the future for your vacation? Why is that?

설문조사에서 당신은 집에서 휴가를 보낸다고 했어요. 집에서 휴가를 보낼 때 누구를 만나나요? 그들과 무엇을 하나요? 또한, 앞으로 있을 휴가에는 누구를 만나고 싶나요? 그 이유는 무엇인가요?

모범답변

도입부	본문	마무리
가족과 친구를 만남	• 친구를 만나고 싶음 → 밀린 얘기를 함 • 가족과 시간을 보내고 싶음 → 부모님께 저녁 대접	집에서 보내는 휴가는 좋음

도입부

[여러 가지 이유로], I like to spend my vacations at home. I like to [쉬다] without thinking about work. I meet my family and friends during this time.

여러가지 이유로, 전 집에서 휴가를 보내고 싶습니다. 전 일에 대해 생각하지 않고 편안히 쉬는 걸 좋아해요. 이 기간 동안 저는 제 가족들과 친구들을 만나요.

본문

First, I have a lot of [여가 시간] during my vacation, so I like to meet my friends. We go to a restaurant or café to [소식을 알아내다] and talk about old times. It's always [즐거운] . We talk about everything. Second, I like to [시간을 보내다] with my family. I usually take my parents out for a nice dinner. For my next vacation, I think I will take them to a [인기있는] seafood restaurant. They always [~을 고맙게 생각하다] it.

첫 번째로, 휴가 동안 여가 시간이 많기 때문에, 제 친구들을 만나고 싶습니다. 우리들은 그동안의 소식을 알고 옛날 얘기를 하기 위해서 레스토랑이나 카페에 가요. 이 일은 항상 즐거워요. 우리는 모든 것에 대해 얘기합니다. 둘째로, 저는 가족들과 시간을 보내고 싶습니다. 전 보통 부모을 모시고 멋진 저녁 식사를 하러 나가요. 제 다음 휴가에는, 그분들과 인기있는 해산물 레스토랑에 갈 생각이에요. 부모님은 항상 고맙게 생각하세요.

마무리

That's all I can think about. They aren't [흥미로운] , but I like my vacations at home.

그게 제가 떠올릴 수 있는 전부예요. 흥미롭진 않지만, 전 집에서 보내는 휴가가 좋아요.

모범 답안

For many reasons / relax / free time / catch up / fun / spend time / popular / appreciate / exciting

Q8 **휴가를 보내는 경향**

You indicated that you take vacations at home. Who do you meet when you spend vacations at home? What do you do with them? Plus, who do you want to meet in the future for your vacation? Why is that?

설문조사에서 당신은 집에서 휴가를 보낸다고 했어요. 집에서 휴가를 보낼 때 누구를 만나나요? 그들과 무엇을 하나요? 또한, 앞으로 있을 휴가에는 누구를 만나고 싶나요? 그 이유는 무엇인가요?

모범답변　　　　　　　　　　　　　　　　　　　　　　　　　　🔊 MP3 1_16

도입부	본문	마무리
meet my family and friends	• like to meet my friends → catch up and talk • like to spend time with my family → take my parents out for a nice dinner	like my vacations at home

도입부

For many reasons, I like to spend my vacations at home. I like to relax without thinking about work. I meet my family and friends during this time.

여러가지 이유로, 전 집에서 휴가를 보내고 싶습니다. 전 일에 대해 생각하지 않고 편안히 쉬는 걸 좋아해요. 이 기간 동안 저는 제 가족들과 친구들을 만나요.

본문

First, I have a lot of free time during my vacation, so I like to meet my friends. We go to a restaurant or café to catch up and talk about old times. It's always fun. We talk about everything. Second, I like to spend time with my family. I usually take my parents out for a nice dinner. For my next vacation, I think I will take them to a popular seafood restaurant. They always appreciate it.

첫 번째로, 휴가 동안 여가 시간이 많기 때문에, 제 친구들을 만나고 싶습니다. 우리들은 그동안의 소식을 알고 옛날 얘기를 하기 위해서 레스토랑이나 카페에 가요. 이 일은 항상 즐거워요. 우리는 모든 것에 대해 얘기합니다. 둘째로, 저는 가족들과 시간을 보내고 싶습니다. 전 보통 부모님을 모시고 멋진 저녁 식사를 하러 나가요. 제 다음 휴가에는, 그분들과 인기있는 해산물 레스토랑에 갈 생각이에요. 부모님은 항상 고맙게 생각하세요.

마무리

That's all I can think about. They aren't exciting, but I like my vacations at home.

그게 제가 떠올릴 수 있는 전부예요. 흥미롭진 않지만, 전 집에서 보내는 휴가가 좋아요.

고득점 어휘/표현

어휘/표현

indicate 가리키다, 나타내다　for many reasons 여러 가지 이유로　spend (시간을)보내다　without ~ ~하지 않고, ~ 없이　catch up (소식을) 알아내다　take ~를 데려가다　out for dinner 저녁을 먹으러 나가다　appreciate 고마워하다　exciting 신나는, 흥미로운

Q9 최근 휴가

Tell me about what you did during your last vacation. How did your vacation start and how did it end? What did you do on each day? Tell me everything about the things you did on your last vacation at home.

지난 휴가에 무엇을 했는지에 대해 말해주세요. 당신의 휴가는 어떻게 시작되고 끝이 났나요? 매일 무엇을 했나요? 집에서 보낸 지난 휴가에 무엇을 했는지 자세히 말해주세요.

모범답변

도입부	본문	마무리
두세 달쯤 전	• 집을 청소하며 휴가를 시작했음 • 밀린 TV 쇼들을 봤음 • 친구들을 만났음 • 쇼핑하러 갔음	그게 기억할 수 있는 전부

도입부

My last vacation at home was a few months ago. It was in the summertime. I did a lot during my vacation.

집에서 보낸 제 지난번 휴가는 두세 달쯤 전입니다. 그때는 여름이었어요. 전 휴가 기간 동안 많은 일을 했습니다.

본문

I was 　지친　 from work, so I wanted to 　쉬다　 a lot. However, I started my vacation by cleaning my home. I organized my stuff and cleaned the kitchen and bathroom. 　그 후에　 , I spent time alone catching up on my favorite TV shows. Later, I met with my friends. We had dinner and drinks. I 　늦게까지 집에 가지 않았다　 with them because I didn't have to work. I slept in late the next day, a little 　숙취　 . Finally, I 　쇼핑을 갔다　 . I bought new clothes for myself.

전 일 때문에 지쳐 있었기 때문에, 매우 쉬고 싶었어요. 그러나, 저는 제 집을 청소하면서 휴가를 시작했어요. 제 물건을 정리하고 주방과 욕실을 청소했습니다. 그 후에, 전 가장 좋아하는 밀린 TV 쇼들을 보면서 혼자 시간을 보냈어요. 나중에, 전 제 친구들과 만났어요. 우리는 같이 저녁을 먹고 술을 마셨어요. 일하지 않아도 됐기 때문에 전 그들과 함께 늦게까지 집에 가지 않았어요. 약간의 숙취에 시달리고, 다음날 늦잠을 잤어요. 마지막으로, 쇼핑을 하러 갔어요. 절 위해서 새 옷들을 샀어요.

마무리

That's all I can remember. I felt 　몸이 완전히 상쾌해진　 when I went back to work.

그게 제가 기억할 수 있는 전부예요. 다시 직장으로 복귀했을 때, 저는 몸이 완전히 상쾌해진 걸 느꼈어요.

모범 답안

worn out / rest / After that / stayed out late / hungover / went shopping / totally refreshed

Q9 최근 휴가

Tell me about what you did during your last vacation. How did your vacation start and how did it end? What did you do on each day? Tell me everything about the things you did on your last vacation at home.

지난 휴가에 무엇을 했는지에 대해 말해주세요. 당신의 휴가는 어떻게 시작되고 끝이 났나요? 매일 무엇을 했나요? 집에서 보낸 지난 휴가에 무엇을 했는지 자세히 말해주세요.

모범답변   🔊 MP3 1_18

도입부	본문	마무리
a few months ago	• started my vacation by cleaning my home • catching up on my favorite TV shows • met with my friends • went shopping	That's all I can remember.

도입부

My last vacation at home was a few months ago. It was in the summertime. I did a lot during my vacation.

집에서 보낸 제 지난번 휴가는 두세 달쯤 전입니다. 그때는 여름이었어요. 전 휴가 기간 동안 많은 일을 했습니다.

본문

I was worn out from work, so I wanted to rest a lot. However, I started my vacation by cleaning my home. I organized my stuff and cleaned the kitchen and bathroom. After that, I spent time alone catching up on my favorite TV shows. Later, I met with my friends. We had dinner and drinks. I stayed out late with them because I didn't have to work. I slept in late the next day, a little hungover. Finally, I went shopping. I bought new clothes for myself.

전 일 때문에 지쳐 있었기 때문에, 매우 쉬고 싶었어요. 그러나, 저는 제 집을 청소하면서 휴가를 시작했어요. 제 물건을 정리하고 주방과 욕실을 청소했습니다. 그 후에, 전 가장 좋아하는 밀린 TV 쇼들을 보면서 혼자 시간을 보냈어요. 나중에, 전 제 친구들과 만났어요. 우리는 같이 저녁을 먹고 술을 마셨어요. 일하지 않아도 됐기 때문에 전 그들과 함께 늦게까지 집에 가지 않았어요. 약간의 숙취에 시달리고, 다음날 늦잠을 잤어요. 마지막으로, 쇼핑을 하러 갔어요. 절 위해서 새 옷들을 샀어요.

마무리

That's all I can remember. I felt totally refreshed when I went back to work.

그게 제가 기억할 수 있는 전부예요. 다시 직장으로 복귀했을 때, 저는 몸이 완전히 상쾌해진 걸 느꼈어요.

고득점 어휘/표현

어휘/표현

in the summertime 여름철에   worn out 닳아 해진, 매우 지친   rest 쉬다, 휴식을 취하다   organize 정리하다   catching up on ~을 만회하다, 따라잡다, ~을 보충하다   stay out late 늦게까지 외출하다   sleep in 늦잠자다   hungover 숙취에 시달리는   totally 완전히, 전적으로   refreshed 생기를 되찾은, 상쾌해진

Q10 기억에 남는 휴가 경험

Now, tell me about an unusual or unexpected experience you had during a vacation you spent at home. Why was it memorable? Who were you with? Where were you at? What did you do? What are some things or events that you remember?

지금부터는, 집에서 휴가를 보내는 동안 겪은 색다르거나 예상치 못한 경험에 대해 이야기해주세요. 기억에 남는 이유는 무엇인가요? 누구와 함께 있었나요? 어디에 있었나요? 무엇을 했나요? 기억나는 일이나 사건은 어떤 것들인가요?

모범답변

도입부	본문	마무리
매우 아픈 상태로 휴가를 보냄	• 저녁으로 먹은 프라이드 치킨 때문인 것 같음 • 한밤중에 심한 복통 • 친구와의 약속을 취소함	끔찍한 경험이었음

도입부

I [~을 보냈다] one vacation at home very sick. I didn't expect to spend my vacation like that.

한번은 매우 아픈 상태로 집에서 휴가를 보냈습니다. 제가 휴가를 그렇게 보낼 거라고 예상하지 못했어요.

본문

I [여전히] don't know what made me so sick. I think it was [아마] the fried chicken I ordered for dinner. I thought it tasted fine, but maybe it wasn't [완전히 익은]. I woke up [~의 중간 무렵에] the night with terrible stomach pain. It was so bad that I couldn't get back to sleep. I thought I was dying. [설상가상으로], I didn't have any stomach medicine at home. First thing in the morning, I went to the [약국] for [약]. But, it didn't help. I felt terrible all day. I even [취소했다] my plans with my friend for the evening. I didn't want to, but I had to. I didn't [몸 상태가 나아지다] until the next day.

여전히 제가 그렇게 아팠던 이유가 뭔지 모르겠어요. 제 생각엔 아마 저녁으로 주문했던 프라이드 치킨이 이유였던 것 같아요. 그 치킨의 맛이 괜찮다고 생각했지만, 어쩌면 완전히 익지 않았을 수도 있어요. 전 한밤중에 심한 복통 때문에 일어났습니다. 너무 심해서 다시 잠들 수 없을 정도였어요. 전 제가 죽을 줄 알았어요. 설상가상으로, 저는 집에 어떤 위장약도 갖고 있지 않았어요. 아침이 되자마자, 저는 약을 사러 약국에 갔습니다. 하지만, 그 약은 소용이 없었어요. 전 하루 종일 몸이 좋지 않았어요. 심지어 제 친구와의 저녁 계획도 취소했습니다. 그러고 싶지 않았지만, 그럴 수밖에 없었어요. 다음날까지 몸 상태가 나아지지 않았어요.

마무리

It was an [끔찍한] experience. I still can't eat fried chicken after that.

끔찍한 경험이었어요. 그 후로 전 여전히 프라이드 치킨을 먹지 못해요.

모범 답안

spent / still / probably / completely cooked / in the middle of / Even worse / pharmacy / medicine / canceled / feel better / awful

Now, tell me about an unusual or unexpected experience you had during a vacation you spent at home. Why was it memorable? Who were you with? Where were you at? What did you do? What are some things or events that you remember?

지금부터는, 집에서 휴가를 보내는 동안 겪은 색다르거나 예상치 못한 경험에 대해 이야기해주세요. 기억에 남는 이유는 무엇인가요? 누구와 함께 있었나요? 어디에 있었나요? 무엇을 했나요? 기억나는 일이나 사건은 어떤 것들인가요?

모범답변

🔊 MP3 1_20

도입부	본문	마무리
spent vacation at home very sick	• probably the fried chicken I ordered for dinner • in the middle of the night with terrible stomach pain • canceled my plans with my friend	It was an awful experience.

도입부

I spent one vacation at home very sick. I didn't expect to spend my vacation like that.

한번은 매우 아픈 상태로 집에서 휴가를 보냈습니다. 제가 휴가를 그렇게 보낼 거라고 예상하지 못했어요.

본문

I still don't know what made me so sick. I think it was probably the fried chicken I ordered for dinner. I thought it tasted fine, but maybe it wasn't completely cooked. I woke up in the middle of the night with terrible stomach pain. It was so bad that I couldn't get back to sleep. I thought I was dying. Even worse, I didn't have any stomach medicine at home. First thing in the morning, I went to the pharmacy for medicine. But, it didn't help. I felt terrible all day. I even canceled my plans with my friend for the evening. I didn't want to, but I had to. I didn't feel better until the next day.

여전히 제가 그렇게 아팠던 이유가 뭔지 모르겠어요. 제 생각엔 아마 저녁으로 주문했던 프라이드 치킨이 이유였던 것 같아요. 그 치킨의 맛이 괜찮다고 생각했지만, 어쩌면 완전히 익지 않았을 수도 있어요. 전 한밤중에 심한 복통 때문에 일어났습니다. 너무 심해서 다시 잠들 수 없을 정도였어요. 전 제가 죽는 줄 알았어요. 설상가상으로, 저는 집에 어떤 위장약도 갖고 있지 않았어요. 아침이 되자마자, 저는 약을 사러 약국에 갔습니다. 하지만, 그 약은 소용이 없었어요. 전 하루 종일 몸이 좋지 않았어요. 심지어 제 친구와의 저녁 계획도 취소했습니다. 그러고 싶지 않았지만, 그럴 수밖에 없었어요. 다음날까지 몸 상태가 나아지지 않았어요.

마무리

It was an awful experience. I still can't eat fried chicken after that.

끔찍한 경험이었어요. 그 후로 전 여전히 프라이드 치킨을 먹지 못해요.

고득점 어휘/표현

어휘/표현

unusual 특이한, 흔치 않은   unexpected 예기치 않은, 예상 밖의   memorable 기억할 만한, 인상적인   probably 아마도, 대개   completely cooked 완전히 조리된, 익은   in the middle of night 한밤중에   stomach pain 복부의 통증   even worse 더 심각한 것은, 설상가상으로, 게다가   medicine 약

• 휴가를 보내는 경향

도입부	본문	마무리

• 최근 휴가

도입부	본문	마무리

• 기억에 남는 휴가 경험

도입부	본문	마무리

STEP 1 기출 포인트 파악하기

가장 많이 나오는 3 COMBO 세트

❶ 공원 가기 약속 관련 질문

I'd like to give you a situation to act out. You have made plans with your friend to go to a local park. Call your friend and ask them three to four questions about your plans.

주어진 상황에 대해 상황극을 해주세요. 당신은 친구와 함께 주변의 공원에 갈 계획을 세웠습니다. 친구에게 전화해 계획에 대해 서너 가지 질문을 해주세요.

❷ 친구와의 약속 취소 상황 문제 해결

I'm sorry, but a problem has come up at the last minute. Now, you won't be able to meet your friend at the park. Call your friend and explain your situation. Tell your friend why you can't make it in detail. Give your friend one or two alternatives for what they can do.

유감스럽게도, 마지막 순간에 문제가 생겼습니다. 이제, 당신은 친구와 공원에서 만날 수 없게 되었습니다. 친구에게 전화해 당신의 상황에 대해 설명해주세요. 당신이 왜 약속을 지킬 수 없는지 자세히 말해주세요. 친구에게 그가 선택할 수 있는 한두가지 대안을 말해주세요.

❸ 공원 관련 경험

Tell me about something memorable that happened to you at a park. Maybe there was a special event, or you met someone unexpectedly. Start by telling me some background information. Then, explain in detail what happened.

공원에서 일어난 기억에 남는 일에 대해 말해주세요. 어쩌면 그곳에 특별한 행사가 있었을 수도 있고, 당신이 뜻밖에 누군가를 만났을 수도 있죠. 먼저 사건의 배경이 될 만한 정보를 말해주세요. 그리고, 무슨 일이 있었는지 자세히 설명해주세요.

오픽 꿀팁 추가 빈출 문제

공원에서 주로 하는 활동
Describe what a typical visit to the park is like for you. Tell me about the things you do and see at parks.
당신의 일반적인 공원 방문에 대해 묘사해주세요. 공원에서 무엇을 하고 어떤 것들을 보는지에 대해 말해 주세요.

어휘와 패턴 익히기

제시된 오늘의 어휘와 패턴을 익히고 답변에 사용하고자 하는 어휘나 패턴에 체크해보세요.

어휘

☐	준비를 하다, 계획을 세우다	make plans
☐	~ 따라 자전거를 타다	ride along
☐	편의점	convenience store
☐	발생하다, 움트다	come up
☐	마지막 순간에, 임박해서	at the last minute
☐	비상사태, 위급	emergency
☐	대하다, 대접하다	treat
☐	~을 돌보다, ~에 신경을 쓰다	take care of
☐	불꽃놀이	firework
☐	장소, 지점	spot
☐	알아내다, 계산하다	figure out
☐	운이 좋은, 행운의	lucky

패턴

• The earlier, the better.　빠를수록 좋다.

Let me know what time is best for you. The earlier, the better.
언제 가장 편한지 알려줘. 빠를 수록 좋아.

Let me know which park you want to go. _____.
어느 공원으로 가고 싶은지 말해줘. 빠를수록 좋아.

• have no idea　전혀 모르다, 짐작도 못하다

We had no idea why it was so busy.
우리는 왜 이렇게 이곳이 분주한지 전혀 몰랐습니다.

She _____ where we should go.
그녀는 우리가 어디로 가야 할지 전혀 몰랐습니다.

• It's on me.　내가 살게, 한 턱 쏠게.

It's on me. I'll treat you to a nice dinner.
내가 쏠게. 근사한 저녁 먹으러 가자.

Why don't you go to the Korean restaurant with me? _____.
같이 한식당 가는 것 어때? 내가 쏠게.

나만의 문장 만들기

주어진 우리말을 보고 빈칸을 채우고 아래 모범 답안을 확인해보세요.

❶ 공원 가기 약속 관련 질문

언제 만나고 싶은지	First, 몇 시에, 언제 do you want to meet?
공원에서 무엇을 하고 싶은지	Second, 무엇을 do you want to do 공원에서 ?
어디서 만날지	Finally, 어디에서 should we meet?

❷ 친구와의 약속 취소 상황 문제 해결 – 상황 설명

조금 뒤에 공원에서 만나기로 함	I know we have plans to meet at the park 곧 .
그런데 일이 생김	But, something has 생기다 .
못 갈 것 같음	So I can't 가다, 참석하다 .

❸ 친구와의 약속 취소 상황 문제 해결 – 해결책 제안

약속을 다음 주말로 미루는 것은 어떤지	Can we 미루다, 연기하다 our plans at the park to 다음 주말 ?
저녁 식사를 위해 내일 만날 수 있음	We can ~을 위해 만나다 dinner tomorrow.
근사한 저녁을 대접할 것	I'll 대접하다 you to a nice dinner.

❹ 공원 관련 경험

친구들과 나는 주말에 강변 공원에 자주 감	My friends and I 자주 go to the river park 주말에 .
날이 어두워졌을 때 갑자기 불꽃놀이가 시작됨	When it got dark, 불꽃놀이 suddenly started going off 강 위로 .
즐거운 시간이었음	It was such a 즐거운 시간 .

모범 답안

❶ what time / what / at the park / where
❷ soon / come up / make it
❸ postpone / next weekend / meet for / treat
❹ often / on the weekend / fireworks / over the river / fun time

실전 문제 풀어보고 확인하기

실전 문제를 듣고 빈칸을 채우거나 소리내 말해보고 아래 모범 답안을 확인해보세요.

🔊 MP3 1_21

Q11 공원 가기 약속 관련 질문

I'd like to give you a situation to act out. You have made plans with your friend to go to a local park. Call your friend and ask them three to four questions about your plans.

주어진 상황에 대해 상황극을 해주세요. 당신은 친구와 함께 주변의 공원에 갈 계획을 세웠습니다. 친구에게 전화해 계획에 대해 서너 가지 질문을 해주세요.

모범답변

도입부	본문	마무리
몇 가지 질문하려고 전화함	• 언제 만나고 싶은지 • 공원에서 무엇을 하고 싶은지 • 어디에서 만날지	질문은 이것들이 전부

도입부

Hi, Jihye. It's me, Dani. We [계획을 세웠다] to go to the park later. Do you still want to go? Great! I called to ask you some questions.

안녕, 지혜야. 나야, 다니. 우리 나중에 공원에 가기로 계획했었잖아. 여전히 가고 싶어? 좋아! 너한테 몇 가지 질문하고 싶어서 전화했어.

본문

First, [몇 시] do you want to meet? I have something to do this afternoon, but I will be done by 3 P.M. [늦어도]. [나한테 알려줘] what time is best for you. The [더 이른], the [더 좋은]. Second, [너는 뭘 하고 싶어] at the park? There's a [자전거 코스] there. We could [빌리다] bikes and ride [~을 따라] the trail. Or, we can find a nice place to sit and [쉬다]. We can buy drinks at the [편의점]. I'm OK with anything. Finally, [어디] should we meet? I'm planning to take the bus to the park. [만약 너도 그렇다면], then we can meet at the bus stop. Or, just call me [네가 거기 도착할 때], and we can find [서로].

첫번째는, 몇 시에 만나고 싶어? 난 오늘 오후에 해야 할 일이 있는데, 늦어도 오후 3시까지는 끝날 거야. 너는 언제 가장 편한지 알려줘. 빠를 수록 좋아. 두번째로, 공원에서 뭐 하고 싶어? 거기에 자전거 코스가 있어. 우리가 자전거를 빌려서 코스를 따라 달릴 수 있어. 아니면, 앉기 좋은 멋진 곳을 찾아서 편하게 쉴 수도 있지. 편의점에서 음료수를 살 수 있어. 난 뭐든지 괜찮아. 마지막으로, 우리 어디서 만나는 게 좋을까? 난 공원에 버스를 타고 가려고 생각 중이야. 너도 그렇다면, 버스 정류장에서 만날 수 있겠어. 아니면, 네가 도착할 때 나한테 전화 줘, 그러면 서로 찾을 수 있을 거야.

마무리

Those are all of my questions. I [~ 하는 것을 몹시 기대하다] see you!

질문은 이것들이 전부야. 얼른 만나고 싶다!

모범 답안

made plans / what time / at the latest / Let me know / earlier / better / what do you want to do / bike trail / rent / along / relax / convenience store / where / If you are too / when you get there / each other / can't wait to

Q11 공원 가기 약속 관련 질문

I'd like to give you a situation to act out. You have made plans with your friend to go to a local park. Call your friend and ask them three to four questions about your plans.

주어진 상황에 대해 상황극을 해주세요. 당신은 친구와 함께 주변의 공원에 갈 계획을 세웠습니다. 친구에게 전화해 계획에 대해 서너 가지 질문을 해주세요.

모범답변 MP3 1_22

도입부	본문	마무리
called to ask you some questions	• what time do you want to meet • what do you want to do • where should we meet	Those are all of my questions.

도입부

Hi, Jihye. It's me, Dani. We made plans to go to the park later. Do you still want to go? Great! I called to ask you some questions.

안녕, 지혜야. 나야, 다니. 우리 나중에 공원에 가기로 계획했었잖아. 여전히 가고 싶어? 좋아! 너한테 몇 가지 질문하고 싶어서 전화했어.

본문

First, what time do you want to meet? I have something to do this afternoon, but I will be done by 3 P.M. at the latest. Let me know what time is best for you. The earlier, the better. Second, what do you want to do at the park? There's a bike trail there. We could rent bikes and ride along the trail. Or, we can find a nice place to sit and relax. We can buy drinks at the convenience store. I'm OK with anything. Finally, where should we meet? I'm planning to take the bus to the park. If you are too, then we can meet at the bus stop. Or, just call me when you get there, and we can find each other.

첫번째는, 몇 시에 만나고 싶어? 난 오늘 오후에 해야 할 일이 있는데, 늦어도 오후 3시까지는 끝날 거야. 너는 언제 가장 편한지 알려줘. 빠를 수록 좋아. 두번째로, 공원에서 뭐 하고 싶어? 거기에 자전거 코스가 있어. 우리가 자전거를 빌려서 코스를 따라 달릴 수 있어. 아니면, 앉기 좋은 멋진 곳을 찾아서 편하게 쉴 수도 있지. 편의점에서 음료수를 살 수 있어. 난 뭐든지 괜찮아. 마지막으로, 우리 어디서 만나는 게 좋을까? 난 공원에 버스를 타고 가려고 생각 중이야. 너도 그렇다면, 버스 정류장에서 만날 수 있겠다. 아니면, 네가 도착할 때 나한테 전화 줘, 그러면 서로 찾을 수 있을 거야.

마무리

Those are all of my questions. I can't wait to see you!

질문은 이것들이 전부야. 얼른 만나고 싶다!

고득점 어휘/표현

어휘/표현

make a plan 계획을 세우다   trail 작은 길, 코스   convenience store 편의점

Q12 친구와의 약속 취소 상황 문제 해결

I'm sorry, but a problem has come up at the last minute. Now, you won't be able to meet your friend at the park. Call your friend and explain your situation. Tell your friend why you can't make it in detail. Give your friend one or two alternatives for what they can do.

유감스럽게도, 마지막 순간에 문제가 생겼습니다. 이제, 당신은 친구와 공원에서 만날 수 없게 되었습니다. 친구에게 전화해 당신의 상황에 대해 설명해주세요. 당신이 왜 약속을 지킬 수 없는지 자세히 말해주세요. 친구에게 그가 선택할 수 있는 한두가지 대안을 말해주세요.

모범답변

도입부	본문	마무리
못 갈 것 같음	• 엄마가 몸 상태가 좋지 않으심 • 약속을 다음 주말로 미룰 수 있음 • 저녁 식사를 위해 내일 만날 수 있음	다시 한번 진짜 미안함

도입부

Hi. I know we have plans to meet at the park soon. But, something has [생겼다] so I can't make it.

안녕. 우리가 조금 뒤에 공원에서 만나기로 했잖아. 그런데, 일이 좀 생겼어 그래서 못 갈 것 같아.

본문

I'm sorry to tell you [마지막 순간에]. My mom just called me, and she has an [급한 일]. She isn't feeling well, so I need to go home and [~을 돌보다] her. She said she has a [열] and feels [몸이 아픈]. I hope it's nothing serious. I'm really [걱정스러운] about her. I'm so sorry about our plans. Can we [미루다] our plans at the park to next weekend? I will be free then. Or, we can meet for dinner tomorrow. I'm sure my mother will [몸 상태가 더 나아지다] by then. [내가 쏠게]. I'll [대접하다] you to a nice dinner.

마지막 순간에 얘기해서 미안해. 우리 엄마가 방금 전화하셨는데, 급한 일이 있으시대. 몸 상태가 좋지 않으셔서, 내가 집에 가서 돌봐드려야 할 것 같아. 열도 나고 몸이 아프다고 하셨어. 별 일 아니었으면 좋겠다. 엄마가 정말 걱정돼. 우리 약속 못 지켜서 정말 미안해. 우리 공원에서 만나기로 한 약속 다음 주말로 미룰 수 있을까? 난 그때 시간이 될 것 같아. 아니면, 저녁 식사를 위해 내일 만날 수 있어. 우리 엄마가 그때쯤이면 괜찮으실거야. 내가 쏠게. 근사한 저녁 먹으러 가자.

마무리

Again, I'm so sorry. But, I need to take care of my mother. I hope you [이해해주다].

다시 한번, 진짜 미안해. 그렇지만, 엄마를 돌봐드려야 해. 이해해줬으면 좋겠다.

모범 답안

come up / at the last minute / emergency / take care of / fever / achy / worried / postpone / feel better / It's on me / treat / understand

Q12 친구와의 약속 취소 상황 문제 해결

I'm sorry, but a problem has come up at the last minute. Now, you won't be able to meet your friend at the park. Call your friend and explain your situation. Tell your friend why you can't make it in detail. Give your friend one or two alternatives for what they can do.

유감스럽게도, 마지막 순간에 문제가 생겼습니다. 이제, 당신은 친구와 공원에서 만날 수 없게 되었습니다. 친구에게 전화해 당신의 상황에 대해 설명해주세요. 당신이 왜 약속을 지킬 수 없는지 자세히 말해주세요. 친구에게 그가 선택할 수 있는 한두가지 대안을 말해주세요.

모범답변　　　　　　　　　　　　　　　　　　　　　　　　　🔊 MP3 1_24

도입부	본문	마무리
I can't make it.	• Mom isn't feeling well. • postpone our plans to next week • can meet for dinner tomorrow	Again, I'm so sorry.

도입부

Hi. I know we have plans to meet at the park soon. But, something has come up so I can't make it.

안녕. 우리가 조금 뒤에 공원에서 만나기로 했잖아. 그런데, 일이 좀 생겼어 그래서 못 갈 것 같아.

본문

I'm sorry to tell you at the last minute. My mom just called me, and she has an emergency. She isn't feeling well, so I need to go home and take care of her. She said she has a fever and feels achy. I hope it's nothing serious. I'm really worried about her. I'm so sorry about our plans. Can we postpone our plans at the park to next weekend? I will be free then. Or, we can meet for dinner tomorrow. I'm sure my mother will feel better by then. It's on me. I'll treat you to a nice dinner.

마지막 순간에 얘기해서 미안해. 우리 엄마가 방금 전화하셨는데, 급한 일이 있으시대. 몸 상태가 좋지 않으셔서, 내가 집에 가서 돌봐드려야 할 것 같아. 열도 나고 몸이 아프다고 하셨어. 별 일 아니었으면 좋겠어. 엄마가 정말 걱정돼. 우리 약속 못 지켜서 정말 미안해. 우리 공원에서 만나기로 한 약속 다음 주말로 미룰 수 있을까? 난 그때 시간이 될 것 같아. 아니면, 저녁 식사를 위해 내일 만날 수 있어. 우리 엄마가 그때쯤이면 괜찮으실거야. 내가 쏠게. 근사한 저녁 먹으러 가자.

마무리

Again, I'm so sorry. But, I need to take care of my mother. I hope you understand.

다시 한번, 진짜 미안해. 그렇지만, 엄마를 돌봐드려야 해. 이해해줬으면 좋겠다.

고득점 어휘/표현

어휘/표현

come up 발생하다, 움트다　at the last minute 마지막 순간에, 임박해서　explain 설명하다　alternative 대안, 선택지　can't make it 약속을 지키지 못하다　emergency 비상사태, 위급　fever 열　achy 몸이 아픈　serious 심각한, 중대한　take care of ~ ~을 돌보다　postpone 연기하다, 미루다　free 한가한, 할 일이 없는　it's on me 내가 살게, 한 턱 쏠게　treat 대접하다, ~에게 한 턱 내다　understand (자동사로) 이해해주다, 양해하다

Q13 공원 관련 경험

Tell me about something memorable that happened to you at a park. Maybe there was a special event, or you met someone unexpectedly. Start by telling me some background information. Then, explain in detail what happened.

공원에서 일어난 기억에 남는 일에 대해 말해주세요. 어쩌면 그곳에 특별한 행사가 있었을 수도 있고, 당신이 뜻밖에 누군가를 만났을 수도 있죠. 먼저 사건의 배경이 될 만한 정보를 말해주세요. 그리고, 무슨 일이 있었는지 자세히 설명해주세요.

모범답변

도입부	본문	마무리
불꽃축제를 할 때 갔음	• 강변 공원에 자주 감 • 공원이 평소보다 붐빔 • (강 위로) 불꽃놀이가 갑자기 시작됨	가장 놀라운 기억임

도입부

I go to the park often with my friends. [한번은] , we went there during a firework festival.

저는 친구들과 함께 공원에 자주 가요. 한번은, 불꽃축제를 할 때 우리가 그곳에 갔어요.

본문

My friends and I often go to the river park [주말에] . We take a tent, [음식을 주문하다] , and spend the day together. It's pretty [보통의] for us. One day, the park was more crowded than usual. We had no idea why it was so busy. We still found a [장소] for our tent, but it was difficult. More and more people came to the park throughout the day. Then we [알아냈다] why. When it got dark, [불꽃놀이] suddenly started going off over the river. We were so [놀란] ! It turned out that we had perfect seats for a firework festival. We were so [운이 좋은] . All of the fireworks were so [아름다운] . It was [아주 즐거운 시간] .

제 친구들과 저는 주말에 강변 공원에 자주 가요. 우린 텐트를 챙기고, 음식도 주문하고, 그리고 하루 종일 함께 시간을 보내죠. 이건 우리에게 꽤 일상적인 일이에요. 하루는, 평소보다 공원이 더 붐볐어요. 우리는 왜 이렇게 공원이 분주한지 전혀 몰랐어요. 그래도 우리는 텐트 칠 자리를 찾았는데, 찾는 게 힘들었어요. 그날 내내 점점 더 많은 사람들이 공원으로 왔어요. 그때 우리는 이유를 알아냈어요. 날이 어두워졌을 때, 강 위로 불꽃놀이가 갑자기 시작됐어요. 우리는 정말 놀랐어요! 우리가 불꽃축제를 보기에 완벽한 자리를 잡았다는 걸 알게 됐죠. 우린 정말 운이 좋았어요. 모든 불꽃놀이가 정말 아름다웠어요. 진짜 즐거운 시간이었어요.

마무리

That's my most surprising [기억] at a park. It was great.

그게 공원에서 있었던 가장 놀라운 기억이에요. 아주 좋았어요.

모범 답안

One time / on the weekend / order food / normal / spot / figured out / fireworks / surprised / lucky / beautiful / such a fun time / memory

Tell me about something memorable that happened to you at a park. Maybe there was a special event, or you met someone unexpectedly. Start by telling me some background information. Then, explain in detail what happened.

공원에서 일어난 기억에 남는 일에 대해 말해주세요. 어쩌면 그곳에 특별한 행사가 있었을 수도 있고, 당신이 뜻밖에 누군가를 만났을 수도 있죠. 먼저 사건의 배경이 될 만한 정보를 말해주세요. 그리고, 무슨 일이 있었는지 자세히 설명해주세요.

모범답변   🔊 MP3 1_26

도입부	본문	마무리
went there during a firework festival	• often go to the river park on the weekend • more crowded than usual • fireworks suddenly started going off (over the river)	That's my most surprising memory.

도입부

I go to the park often with my friends. One time, we went there during a firework festival.

저는 친구들과 함께 공원에 자주 가요. 한번은, 불꽃축제를 할 때 우리가 그곳에 갔었어요.

본문

My friends and I often go to the river park on the weekend. We take a tent, order food, and spend the day together. It's pretty normal for us. One day, the park was more crowded than usual. We had no idea why it was so busy. We still found a spot for our tent, but it was difficult. More and more people came to the park throughout the day. Then we figured out why. When it got dark, fireworks suddenly started going off over the river. We were so surprised! It turned out that we had perfect seats for a firework festival. We were so lucky. All of the fireworks were so beautiful. It was such a fun time.

제 친구들과 저는 주말에 강변 공원에 자주 가요. 우린 텐트를 챙기고, 음식도 주문하고, 그리고 하루 종일 함께 시간을 보내죠. 이건 우리에게 꽤 일상적인 일이에요. 하루는, 평소보다 공원이 더 붐볐어요. 우리는 왜 이렇게 공원이 분주한지 전혀 몰랐어요. 그래도 우리는 텐트 칠 자리를 찾았는데, 찾는 게 힘들었어요. 그날 내내 점점 더 많은 사람들이 공원으로 왔어요. 그때 우리는 이유를 알아냈어요. 날이 어두워졌을 때, 강 위로 불꽃놀이가 갑자기 시작됐어요. 우리는 정말 놀랐어요! 우리가 불꽃축제를 보기에 완벽한 자리를 잡았다는 걸 알게 됐죠. 우린 정말 운이 좋았어요. 모든 불꽃놀이가 정말 아름다웠어요. 진짜 즐거운 시간이었어요.

마무리

That's my most surprising memory at a park. It was great.

그게 공원에서 있었던 가장 놀라운 기억이에요. 아주 좋았어요.

고득점 어휘/표현

어휘/표현

memorable 기억할 만한, 인상깊은 event 행사, 이벤트 background information 배경 지식, 예비 지식 explain 설명하다 often 자주, 종종 firework 불꽃놀이, 폭죽 normal 보통의, 평범한 crowded 붐비는, 복잡한 usual 보통의, 평상시의 have no idea 전혀 모르다, 짐작도 못하다 throughout ~동안, ~내내 figure out 알아내다 go off 발사되다, 터지다 it turned out that ~ ~인 것으로 드러났다, 밝혀졌다 surprising 놀라운 memory 기억

• 공원 가기 약속 관련 질문

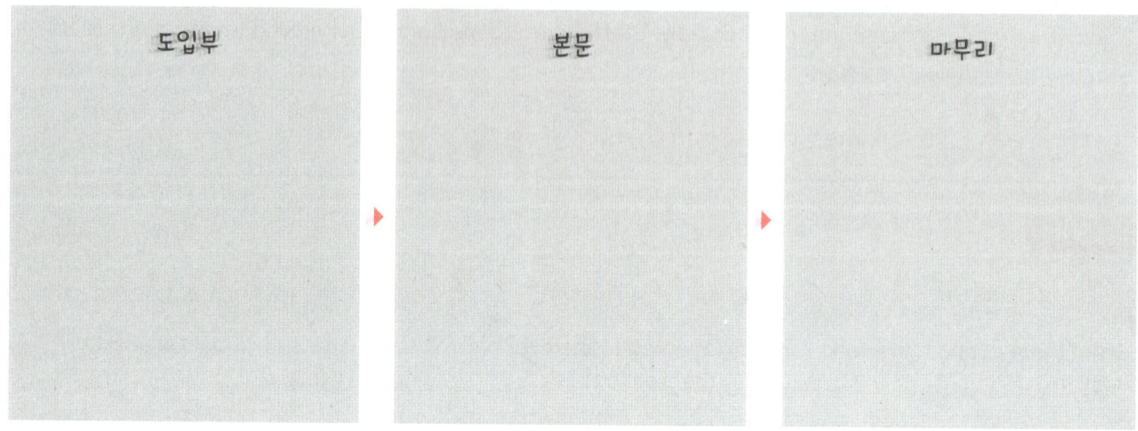

• 친구와의 약속 취소 상황 문제 해결

• 공원 관련 경험

STEP 1 **기출 포인트 파악하기**

가장 많이 나오는 2 COMBO 세트

❶ 내가 살고 있는 집

I want to know where you live. Can you describe your home to me? What is it like? How many rooms does it have?

당신이 어디에 사는지 알고 싶어요. 저에게 당신의 집에 대해 묘사해 줄 수 있나요? 어떻게 생겼나요? 방이 몇 개인가요?

❷ 집 관련 질문

I also live in suburban area. Ask me three to four questions about the house I live in.

저도 교외에 살고 있어요. 제가 사는 집에 대해 서너 가지 질문을 해주세요.

오픽 꿀팁 **추가 빈출 문제**

• 집에서의 일과/집안일

What is your normal routine at home? Do you do housework every day? What do you usually do on weekdays and what do you do on weekends?

집에서 보통 하는 일상이 무엇인가요? 매일 집안일을 하나요? 평일에는 주로 무엇을 하고 주말에는 무엇을 하나요?

• 가장 좋아하는 방

I want to know where you live. Talk about the different rooms in your home. Tell me about your favorite room in your home. What does it look like?

당신이 어디에 사는지 알고 싶습니다. 집에 있는 각각의 방들에 대해 말해 주세요. 가장 좋아하는 방에 대해 말해 주세요. 어떻게 생겼나요?

제시된 오늘의 어휘와 패턴을 익히고 답변에 사용하고자 하는 어휘나 패턴에 체크해보세요.

어휘

☐	(건물의) 층	story
☐	비슷한, 유사한	similar
☐	들어오다	enter
☐	난로, 가스레인지	stove
☐	미술품, 예술 작품, 그림	artwork
☐	발코니	balcony
☐	최근에 지어진, 새로 지어진	newly built
☐	편안한	comfortable
☐	교외의	suburban
☐	다양한	the variety of

패턴

• I'm surprised to hear that ~   ~라는 것을 들어서 놀랐다.

I'm surprised to hear that you live in an apartment in a suburban area, too.
당신도 교외에 있는 아파트에 산다는 걸 들어서 놀랐어요.

_____ you live in a two-story house.
당신이 2층집에 산다는 걸 들어서 놀랐어요.

• What do you like best about ~   ~에 대해 어떤 점이 가장 마음에 드나요?

What do you like best about your home in the suburbs?
교외에 있는 집에 대해 어떤 점이 가장 마음에 드나요?

_____ your city?
당신의 도시에 대해 어떤 점이 가장 마음에 드나요?

나만의 문장 만들기

주어진 우리말을 보고 빈칸을 채우고 아래 모범 답안을 확인해보세요.

❶ 내가 살고 있는 집

수원에 있는 아파트에서 남편과 살고 있음	I live in a [멋진 아파트] with my husband in Suwon.
16층 건물의 11층임	It's on the [11층] of a 16-story building.
대부분의 다른 아파트와 비슷함	It is [~와 비슷한] most other apartments.

❷ 내가 살고 있는 집

집에 들어오면, 주방과 거실이 보임	When you [들어오다] my home, you can see the kitchen and living room.
몇 개의 그림들이 걸려 있음	Some [그림, 예술 작품] hangs [벽에는].
침실 밖에 작은 발코니가 있음	There's a small [발코니] outside of the bedroom.

❸ 집 관련 질문

지하철역 근처에 사는지	First, do you live near a [지하철역]?
집 근처에 좋은 식당이 있는지	Second, are there any good restaurants [근처에, 가까이] your home?
교외에 있는 집에 대해 가장 마음에 드는 점은 무엇인지	Finally, what do you like best about your home in the [교외]?

모범 답안

❶ nice apartment / 11th floor / similar to
❷ enter / artwork / on the walls / balcony
❸ subway station / near / suburbs

실전 문제를 듣고 빈칸을 채우거나 소리내 말해보고 아래 모범 답안을 확인해보세요.

🔊 MP3 1_27

Q14 내가 살고 있는 집

I want to know where you live. Can you describe your home to me? What does it look like? How many rooms does it have?

당신이 어디에 사는지 알고 싶어요. 저에게 당신의 집에 대해 묘사해 줄 수 있나요? 어떻게 생겼나요? 방이 몇 개인가요?

모범답변

도입부	본문	마무리
멋진 아파트에 남편과 살고 있음	• 대부분의 다른 아파트와 비슷함 • 주방과 거실 볼 수 있음 • 침실은 세 개가 있음 • 다른 방들은 사무실임	우리 집은 이렇게 생김

도입부

I live in a nice apartment with my husband in Suwon. It's on the 11th 층 of a 16- 층 building.

저는 수원에 있는 멋진 아파트에서 남편과 함께 살아요. 우리 집은 16층 건물의 11층에 있어요.

본문

It is 비슷한 to most other apartments. 당신이 들어오면 my home, you can see the kitchen and living room. The kitchen has a refrigerator, 가스레인지 , and small table. There's a sofa, TV, and several lamps in the living room. Some artwork hangs on the walls. There are three bedrooms. Our main bedroom is on the left side. It has a king-sized bed and a large window. It lets in a lot of 자연광 in the morning. The other rooms are our offices. One is for my husband, and the other is for me. Finally, there's a small 발코니 outside of the bedroom. Our apartment building is 최근에 지어진 , so everything looks 깨끗한 . I feel very 편안한 in my home.

그 집은 대부분의 다른 아파트와 비슷해요. 집에 들어오면, 주방과 거실을 볼 수 있어요. 주방엔 냉장고, 가스레인지, 그리고 작은 탁자가 있어요. 거실엔 소파, TV, 그리고 여러 개의 스탠드가 있어요. 벽에는 몇 개의 그림들이 걸려있어요. 침실은 세 개가 있어요. 저희 안방은 왼쪽에 있어요. 그 방엔 킹 사이즈 침대와 큰 창문이 있어요. 그 창으로 아침에 많은 자연광이 들어와요. 다른 방들은 저희 사무실이에요. 하나는 제 남편이 쓰고, 나머지는 제 방이에요. 마지막으로, 침실 밖에는 작은 발코니가 있어요. 저희 아파트 건물은 최근에 지어져서, 모든 것이 깨끗해 보여요. 전 제 집에 있을 때 매우 편안해요.

마무리

This is 우리 집이 어떻게 생겼는지 .

우리 집은 이렇게 생겼어요.

모범 답안

floor / story / similar / When you enter / stove / natural light / balcony / newly built / clean / comfortable / what my home looks like

Q14 내가 살고 있는 집

I want to know where you live. Can you describe your home to me? What does it look like?
How many rooms does it have?

당신이 어디에 사는지 알고 싶어요. 저에게 당신의 집에 대해 묘사해 줄 수 있나요? 어떻게 생겼나요? 방이 몇 개인가요?

모범답변

MP3 1_28

도입부	본문	마무리
live in a nice apartment with my husband	• similar to most other apartments • can see kitchen and living room • There are three bedrooms. • The other rooms are our offices.	This is what my home looks like.

도입부

I live in a nice apartment with my husband in Suwon. It's on the 11th floor of a 16-story building.

저는 수원에 있는 멋진 아파트에서 남편과 함께 살아요. 우리 집은 16층 건물의 11층에 있어요.

본문

It is similar to most other apartments. When you enter my home, you can see the kitchen and living room. The kitchen has a refrigerator, stove, and small table. There's a sofa, TV, and several lamps in the living room. Some artwork hangs on the walls. There are three bedrooms. Our main bedroom is on the left side. It has a king-sized bed and a large window. It lets in a lot of natural light in the morning. The other rooms are our offices. One is for my husband, and the other is for me. Finally, there's a small balcony outside of the bedroom. Our apartment building is newly built, so everything looks clean. I feel very comfortable in my home.

그 집은 대부분의 다른 아파트와 비슷해요. 집에 들어오면, 주방과 거실을 볼 수 있어요. 주방엔 냉장고, 가스레인지, 그리고 작은 탁자가 있어요. 거실엔 소파, TV, 그리고 여러 개의 스탠드가 있어요. 벽에는 몇 개의 그림들이 걸려있어요. 침실은 세 개가 있어요. 저희 안방은 왼쪽에 있어요. 그 방엔 킹 사이즈 침대와 큰 창문이 있어요. 그 창으로 아침에 많은 자연광이 들어와요. 다른 방들은 저희 사무실이에요. 하나는 제 남편이 쓰고, 나머지는 제 방이에요. 마지막으로, 침실 밖에는 작은 발코니가 있어요. 저희 아파트 건물은 최근에 지어져서, 모든 것이 깨끗해 보여요. 전 제 집에 있을 때 매우 편안해요.

마무리

This is what my home looks like.

우리 집은 이렇게 생겼어요.

고득점 어휘/표현

Q15 집 관련 질문

I also live in suburban area. Ask me three to four questions about the house I live in.

저도 교외에 살고 있어요. 제가 사는 집에 대해 서너 가지 질문을 해주세요.

모범답변

도입부	본문	마무리
질문이 몇 개 있음	• 지하철역 근처에 사는지? • 집 근처에 좋은 식당이 있는지? • 집에 대해 어떤 점이 가장 마음에 드는지?	대답해줘서 고마움

도입부

저는 ~라고 들어서 놀랐어요 you live in an apartment in a 교외의 area, too. I have a few questions that I'd like to ask you.

당신도 교외에 있는 아파트에 산다는 걸 들어서 놀랐어요. 당신에게 묻고 싶은 질문이 몇 개 있어요.

본문

First, do you live near a 지하철역 ? My subway station is a 15-minute walk from my apartment. It's not very 가까운 . I hope you live closer to one. Second, are there any good restaurants near your home? There aren't many restaurants around my home, so I have to cook often. I miss the variety of restaurants in Seoul. Finally, 당신은 ~에 대해 어떤 점이 가장 마음에 드나요 your home in the suburbs? A lot of families live in the suburbs for the beautiful parks. Do you 즐기다 the parks, too, or do you like 다른 것 ?

첫 번째로, 당신은 지하철역 근처에 사나요? 우리 지하철역은 아파트에서 도보로 15분 걸리는 곳에 있어요. 별로 가깝진 않아요. 저보다 역에 더 가까운 곳에 살기를 바라요. 두 번째로, 집 근처에 좋은 식당이 있나요? 우리 집 주변에는 식당이 별로 없어서, 전 자주 요리를 해야 해요. 서울에 있는 다양한 식당들이 그리워요. 마지막으로, 교외에 있는 집에 대해 어떤 점이 가장 마음에 드나요? 많은 가정이 아름다운 공원 때문에 교외에 살아요. 당신도 공원을 좋아하나요, 아니면 다른 것이 좋은가요?

마무리

Thank you for answering my questions, Ava. I ~에 감사하다 it.

제 질문에 대답해 줘서 고마워요, 에바. 감사해요.

모범 답안

I'm surprised to hear that / suburban / subway station / convenient / what do you like best about / enjoy / something else / appreciate

집 관련 질문

I also live in suburban area. Ask me three to four questions about the house I live in.

저도 교외에 살고 있어요. 제가 사는 집에 대해 서너 가지 질문을 해주세요.

모범답변

🔊 MP3 1_30

도입부	본문	마무리
have a few questions	• Do you live near a subway station? • Are there any good restaurants near your home? • What do you like best about your home?	Thank you for answering.

도입부

I'm surprised to hear that you live in an apartment in a suburban area, too. I have a few questions that I'd like to ask you.

당신도 교외에 있는 아파트에 산다는 걸 들어서 놀랐어요. 당신에게 묻고 싶은 질문이 몇 개 있어요.

본문

First, do you live near a subway station? My subway station is a 15-minute walk from my apartment. It's not very convenient. I hope you live closer to one. Second, are there any good restaurants near your home? There aren't many restaurants around my home, so I have to cook often. I miss the variety of restaurants in Seoul. Finally, what do you like best about your home in the suburbs? A lot of families live in the suburbs for the beautiful parks. Do you enjoy the parks, too, or do you like something else?

첫 번째로, 당신은 지하철역 근처에 사나요? 우리 지하철역은 아파트에서 도보로 15분 걸리는 곳에 있어요. 별로 가깝진 않아요. 저보다 역에 더 가까운 곳에 살기를 바라요. 두 번째로, 집 근처에 좋은 식당이 있나요? 우리 집 주변에는 식당이 별로 없어서, 전 자주 요리를 해야 해요. 서울에 있는 다양한 식당들이 그리워요. 마지막으로, 교외에 있는 집에 대해 어떤 점이 가장 마음에 드나요? 많은 가정이 아름다운 공원 때문에 교외에 살아요. 당신도 공원을 좋아하나요, 아니면 다른 것이 좋은가요?

마무리

Thank you for answering my questions, Ava. I appreciate it.

제 질문에 대답해 줘서 고마워요, 에바. 감사해요.

고득점 어휘/표현

어휘/표현

suburban 교외의, 시외의   area 지역   near ~ 근처에   subway station 지하철역   15-minute walk 도보로 15분 거리   convenient 편리한, 가까운   close 가까운   miss 그리워하다, 아쉬워하다   the variety of ~ ~의 다양성, 다양함   suburbs 교외, 시외   appreciate 감사하다, 고마워하다

• 내가 살고 있는 집

• 집 관련 질문

OPIc

진짜학습지

IM

Week

2

OPIc
진짜학습지 **IM**

초판 1쇄 발행 2022년 2월 23일
초판 4쇄 발행 2025년 7월 15일

지은이 멀티캠퍼스·시원스쿨어학연구소
펴낸곳 (주)에스제이더블유인터내셔널
펴낸이 양홍걸 이시원

홈페이지 www.siwonschool.com
주소 서울시 영등포구 영신로 166 시원스쿨
교재 구입 문의 02)2014-8151
고객센터 02)6409-0878

ISBN 979-11-6150-583-1 13740
Number 1-110806-26123000-04

Week
2

이번 주 학습 목표

- ◈ 하나의 주제에 세 가지 문제가 주어지는 3콤보에 대해 이해할 수 있다.
- ◈ 과거 시제와 현재 시제를 활용해 답변할 수 있다.
- ◈ Q11-13에 주어지는 롤플레이 유형에 대해 이해할 수 있다.

전체 MP3 모음

문항 구성

자기소개	1 자기소개	공통형 가구	8 좋아하는 가구
선택형 영화보기	2 좋아하는 영화 장르		9 과거와 현재의 가구 비교
	3 자주 가는 영화관		10 가구에 문제가 생겼던 경험
	4 기억에 남는 영화 관람 경험	롤플레이 (선택형) 카페/커피 전문점 가기	11 카페에 가기로 한 약속 관련 질문
선택형 음악 감상하기	5 좋아하는 음악/가수		12 친구와의 약속 취소 상황 문제 해결
	6 음악을 듣는 경향		13 카페에서 기억에 남는 경험
	7 라이브 음악을 들으러 간 경험	공통형 집	14 좋아하는 방
			15 집에서 가족들과 있었던 특별한 경험

시험 난이도 ★★★☆☆

전체 문제 난이도

돌발 주제 난이도

문제 길이

특이/신규 주제 출제

어휘 난이도

Self-Assessment 3-3

STEP 1 **어휘와 패턴 익히기**

제시된 오늘의 어휘와 패턴을 익히고 답변에 사용하고자 하는 어휘나 패턴에 체크해보세요

어휘

☐	소개하다	introduce
☐	공학, 공학 기술	engineering
☐	~와 살다	live with
☐	취미	hobby
☐	보통, 대개	usually
☐	극장, 공연장	theater

패턴

• live with   ~와 살다

I live with my family in Seoul.
저는 서울에서 가족들과 함께 살아요.

I _____my best friend in Incheon.
저는 인천에서 가장 친한 친구와 함께 살아요.

• to talk about   ~에 대해 말하자면

To talk about my hobby, I like watching action movies.
제 취미에 대해 말하자면, 액션 영화 보는 것을 좋아해요.

_____ my dream, I want to be a famous baseball player.
제 꿈에 대해 말하자면, 저는 유명한 야구 선수가 되고 싶어요.

오픽 꿀팁 직업 별로 사용 가능한 추가 어휘/표현

대학생	회사원
☐ freshman 1학년	☐ work at/for a company 회사에서 일하다
☐ sophomore 2학년	☐ work as an engineer 엔지니어로 일하다
☐ junior 3학년	☐ get a promotion 승진하다
☐ senior 4학년	☐ get a raise 월급이 인상되다
☐ major in ~을 전공하다	☐ be in charge of ~을 담당하다
☐ double major 복수 전공	☐ be respon for ~에 책임이 있다

실전 문제를 듣고 아래 핵심 아이디어를 확인한 뒤 소리내 말해보세요.

🔊 MP3 2_1

Q1 자기소개

Let's start the interview now. Tell me a little bit about yourself.

인터뷰를 시작합시다. 당신에 대해 조금 알려주세요.

모범답변 🔊 MP3 2_2

도입부	본문	마무리
내 소개를 하겠음 Let me introduce myself.	• 고려대학교에서 공학을 공부 중임 study engineering at Korea University • 가족들과 함께 삶 live with my family • 액션 영화 보는 것을 좋아함 like watching action movies	그게 다임 That's about it.

도입부

OK. Let me introduce myself.

좋아요. 제 소개를 할게요.

본문

My name is Peter, and I study engineering at Korea University. I am 27 years old. I live with my family in Seoul. There are my father, my mother, and my younger sister. She is my best friend. I can tell her anything. To talk about my hobby, I like watching action movies. I usually go to the theater with my sister.

제 이름은 피터이고, 고려대학교에서 공학을 공부하고 있어요. 전 27살이에요. 서울에서 가족들과 함께 살죠. 저희 가족으로는 아버지, 어머니, 그리고 제 여동생이 있어요. 여동생은 제 가장 친한 친구예요. 그녀에겐 뭐든지 말할 수 있죠. 제 취미에 대해 말하자면, 액션 영화 보는 것을 좋아해요. 보통 여동생과 함께 극장에 가죠.

마무리

That's about it. It's nice to meet you, Ava.

이게 다예요. 만나서 반가워요, 에바.

고득점 어휘/표현

어휘/표현

introduce 소개하다   engineering 공학   live with ~와 살다   hobby 취미   usually 보통, 대개   theater 극장, 공연장   That's about it 그 정도가 전부입니다, 이상입니다

STEP 1 기출 포인트 파악하기

가장 많이 나오는 3 COMBO 세트

❶ 좋아하는 영화 장르

You indicated that you like to go to the movies. What is your favorite genre? Why do you like that type of movie?

당신은 영화 보러 가는 걸 좋아한다고 했습니다. 좋아하는 영화 장르는 무엇인가요? 그런 영화 종류를 좋아하는 이유는 무엇인가요?

❷ 자주 가는 영화관

Tell me about the movie theater you typically go to. What is it like? Describe a movie theater you often visit in as much detail as possible.

당신이 주로 가는 영화관에 대해 말해주세요. 어떻게 생겼나요? 당신이 자주 가는 영화관을 최대한 자세히 묘사해주세요.

❸ 기억에 남는 영화 관람 경험

What was the most memorable movie you've watched? What was it about? What was so special about that movie? Would you recommend that movie to other people?

당신이 본 가장 기억에 남는 영화는 무엇인가요? 무엇에 관한 영화였나요? 그 영화에서 특별한 점은 무엇인가요? 다른 사람들에게 그 영화를 추천하고 싶나요?

오픽 꿀팁 추가 빈출 문제

최근 영화 관람

Can you describe for me the last time you went to the movies? When was it? Who did you see the movie with? What did you do at the theater? Did anything special happen there? Tell me about what you did in as much detail as possible.

가장 최근에 영화를 보러 갔던 때를 묘사해 줄 수 있나요? 언제였나요? 누구와 함께 보러갔나요? 당신은 영화관에서 무엇을 했나요? 그곳에서 어떤 특별한 일이 있었나요? 당신이 영화를 보러 가서 했던 일을 최대한 자세하게 말해주세요.

어휘와 패턴 익히기

제시된 오늘의 어휘와 패턴을 익히고 답변에 사용하고자 하는 어휘나 패턴에 체크해보세요.

어휘

☐	(가장) 좋아하는	favorite
☐	재미있는	entertaining
☐	액션 장면	action scene
☐	특수 효과	special effect
☐	그래픽	graphic
☐	인기 있는, 대중적인	popular
☐	영화를 보다	see a movie
☐	영화 스크린, 영화 상영관	movie screen
☐	출연자들, 배역	cast
☐	주인공, 주연 배우	lead actor
☐	창의적인	creative
☐	감독	director
☐	사운드 트랙, 영화 음악	soundtrack

패턴

• except for   ~을 제외하고

I enjoy watching every kind of movie, except for romance.
저는 로맨스는 제외하고 모든 종류의 영화를 즐겨봐요.

I want to watch various kinds of movies, _____ horror.
저는 공포는 제외하고 다양한 종류의 영화를 보고 싶어요.

• look forward to   ~을 기대하다, 고대하다

I always look forward to seeing a new movie at this theater.
저는 항상 그 극장에서 새로운 영화를 보는 게 기대돼요.

I really _____ seeing a new movie from Pixar.
저는 픽사에서 나온 새로운 영화가 정말 기대돼요.

• enjoy ~ing   ~을 즐기다, 좋아하다

I enjoy watching every kind of movie.
저는 모든 종류의 영화를 즐겨봐요.

I _____ documentaries.
다큐멘터리를 즐겨봐요.

나만의 문장 만들기

주어진 우리말을 보고 빈칸을 채우고 아래 모범 답안을 확인해보세요.

❶ 좋아하는 영화 장르 – 액션 영화

재미있기 때문에 액션 영화가 좋음	First, I like action movies because they are [재미있는].
액션 영화는 스트레스 해소에 도움이 됨	Second, action movies help me [나의 스트레스를 해소하다].
액션 영화에서 항상 영웅들이 이김	Last, [영웅들] always [이기다] in action movies.

❷ 자주 가는 영화관 – 백화점에 있는 큰 영화관

백화점에 있는 큰 영화관에 감	I go to a [큰] movie theater in a [백화점].
사무실에서 걸어서 5분 거리에 있음	It's [걸어서 5분 거리] from my office.
백화점 맨 위층에 있음	The theater is on [맨 위층] of a department store.

❸ 자주 가는 영화관 – 묘사

영화관에는 넓은 로비가 있음	The theater has a [넓은] lobby.
다른 10개의 영화 스크린이 있음	There are ten [다른] movie screens.
다양한 카페와 식당들도 주변에 있음	[다양한] cafés and restaurants are [위치한] around it, too.

❹ 기억에 남는 영화 관람 경험

우선, 엄청난 출연진	First, it had an amazing [출연진].
둘째로, 줄거리는 흥미로운 사건이 많으면서 매력적이었음	Second, the story was [매력적인] with a lot of [흥미로운] moments.
마지막, 영화 음악이 기억에 남음	Last, [영화 음악] was [기억에 남는].

모범 답안

❶ entertaining / relieve my stress / the heroes / win
❷ huge / department store / a 5-minute walk / the top floor
❸ large / different / Various / located
❹ cast / fascinating / exciting / soundtrack / memorable

실전 문제를 듣고 빈칸을 채우거나 소리내 말해보고 아래 모범 답안을 확인해보세요.

🔊 MP3 2_3

Q2 좋아하는 영화 장르

You indicated that you like to go to the movies. What is your favorite genre? Why do you like that type of movie?

당신은 영화 보러 가는 걸 좋아한다고 했습니다. 좋아하는 영화 장르는 무엇인가요? 그런 영화 종류를 좋아하는 이유는 무엇인가요?

모범답변

도입부	본문	마무리
가장 좋아하는 건 액션 영화임	• 재미있기 때문에 액션 영화가 좋음 • 스트레스 해소에 도움이 됨 • 영웅들이 항상 이김	이것들이 이유임

도입부

I enjoy watching every kind of movie, [~을 제외하고] romance. My favorite is action movies.

전 로맨스는 제외하고 모든 종류의 영화를 좋아해요. 가장 좋아하는 건 액션 영화예요.

본문

First, I like action movies because they are [재미있는] . And I can enjoy exciting action [장면] and [특수 효과] . Everything looks so [실제의] , too. The graphics are amazing. Second, action movies help me [나의 스트레스를 해소하다] . I don't [~에 대해 걱정하다] my own problems when I watch an action film. I just [~에 집중하다] the movie for two hours. Last, the heroes always win in action movies. It makes me feel good.

첫째로, 재미있기 때문에 액션 영화가 좋아요. 그리고 흥미로운 액션 장면과 특수 효과를 즐길 수 있죠. 모든 게 정말 현실감 있게 보이기도 하고요. 그래픽은 정말 굉장하죠. 두번째로, 액션 영화는 스트레스를 해소하는 데 도움이 돼요. 전 액션 영화를 볼 때 제가 가진 문제에 대해 걱정하지 않아요. 그저 두 시간 동안 영화에 집중하죠. 마지막으로, 액션 영화에선 항상 영웅들이 이겨요. 그게 기분 좋아요.

마무리

These are the reasons why action movies are my [가장 좋아하는] .

이것들이 제가 액션 영화를 가장 좋아하는 이유예요.

모범 답안

except for / entertaining / scenes / special effects / real / relieve my stress / worry about / focus on / favorite

You indicated that you like to go to the movies. What is your favorite genre? Why do you like that type of movie?

당신은 영화 보러 가는 걸 좋아한다고 했습니다. 좋아하는 영화 장르는 무엇인가요? 그런 영화 종류를 좋아하는 이유는 무엇인가요?

모범답변   🔊 MP3 2_4

도입부	본문	마무리
My favorite is action movies.	• They are entertaining. • help me relieve my stress • The heroes always win.	These are the reasons.

도입부

I enjoy watching every kind of movie, except for romance. My favorite is action movies.

전 로맨스는 제외하고 모든 종류의 영화를 좋아해요. 가장 좋아하는 건 액션 영화예요.

본문

First, I like action movies because they are entertaining. And I can enjoy exciting action scenes and special effects. Everything looks so real, too. The graphics are amazing. Second, action movies help me relieve my stress. I don't worry about my own problems when I watch an action film. I just focus on the movie for two hours. Last, the heroes always win in action movies. It makes me feel good.

첫째로, 재미있기 때문에 액션 영화가 좋아요. 그리고 흥미로운 액션 장면과 특수 효과를 즐길 수 있죠. 모든 게 정말 현실감 있게 보이기도 하고요. 그래픽은 정말 굉장하죠. 두번째로, 액션 영화는 스트레스를 해소하는 데 도움이 돼요. 전 액션 영화를 볼 때 제가 가진 문제에 대해 걱정하지 않아요. 그저 두 시간 동안 영화에 집중하죠. 마지막으로, 액션 영화에선 항상 영웅들이 이겨요. 그게 기분 좋아요.

마무리

These are the reasons why action movies are my favorite.

이것들이 제가 액션 영화를 가장 좋아하는 이유예요.

고득점 어휘/표현

어휘/표현

indicate ~라고 나타내다   favorite 가장 좋아하는   genre 장르   except for ~을 제외하고   entertaining 재미있는   story 줄거리
scene 장면   special effects 특수 효과   relieve 덜다, 완화하다, 풀게 하다   worry about ~에 대해 걱정하다   focus on ~에 집중하다
hero 영웅, 주인공, 주요 인물

Q3 자주 가는 영화관

Tell me about the movie theater you typically go to. What is it like? Describe a movie theater you often visit in as much detail as possible.

당신이 주로 가는 영화관에 대해 말해주세요. 어떻게 생겼나요? 당신이 자주 가는 영화관을 최대한 자세히 묘사해주세요.

모범답변

도입부	본문	마무리
백화점에 있는 큰 영화관	• 사무실에서 걸어서 5분 거리에 있음 • 백화점 맨 위층에 있음 • 다른 10개의 영화 스크린이 있음	그게 다임

도입부

I go to a huge movie theater in a 백화점 .

저는 백화점에 있는 큰 영화관에 가요.

본문

It's a 도보 5분 거리 from my office, so I usually see a movie on Fridays 퇴근 후에 . The theater is 꼭대기 층에 of a department store. The theater has a large lobby. People can buy popcorn and wait for the movie there. You can watch trailers for new movies in the lobby, too. Then, there are ten different movie screens. Like I said before, it's a huge theater. 다양한 cafes and restaurants ~에 위치해 있다 around it, too. It's perfect for a 밤 외출 .

그곳은 제 사무실에서 걸어서 5분 거리에 있어서, 보통 금요일에 퇴근 후 영화를 봐요. 극장은 백화점 맨 위 층에 있어요. 영화관에는 넓은 로비가 있어요. 사람들은 그곳에서 팝콘을 사고 영화 시간을 기다려요. 로비에서 새로운 영화의 예고편도 볼 수 있죠. 게다가, 극장엔 각각 다른 10개의 영화 상영관이 있어요. 아까 말했듯이, 거대한 영화관이에요. 다양한 카페와 식당들도 주변에 있죠. 밤 외출에 완벽한 곳이에요.

마무리

That's it.

그게 다예요.

모범답안

department store / 5-minute walk / after work / on the top floor / Various / are located / night out

Q3 자주 가는 영화관

Tell me about the movie theater you typically go to. What is it like? Describe a movie theater you often visit in as much detail as possible.

당신이 주로 가는 영화관에 대해 말해주세요. 어떻게 생겼나요? 당신이 자주 가는 영화관을 최대한 자세히 묘사해주세요.

모범답변

🔊 MP3 2_6

도입부	본문	마무리
a huge movie theater in a department store	• a 5-minute walk from my office • on the top floor of a department store • ten different movie screens	That's it.

도입부

I go to a huge movie theater in a department store.

저는 백화점에 있는 큰 영화관에 가요.

본문

It's a 5-minute walk from my office, so I usually see a movie on Fridays after work. The theater is on the top floor of a department store. The theater has a large lobby. People can buy popcorn and wait for the movie there. You can watch trailers for new movies in the lobby, too. Then, there are ten different movie screens. Like I said before, it's a huge theater. Various cafes and restaurants are located around it, too. It's perfect for a night out.

그곳은 제 사무실에서 걸어서 5분 거리에 있어서, 보통 금요일에 퇴근 후 영화를 봐요. 극장은 백화점 맨 위 층에 있어요. 영화관에는 넓은 로비가 있어요. 사람들은 그곳에서 팝콘을 사고 영화 시간을 기다려요. 로비에서 새로운 영화의 예고편도 볼 수 있죠. 게다가, 극장엔 각각 다른 10개의 영화 상영관이 있어요. 아까 말했듯이, 거대한 영화관이에요. 다양한 카페와 식당들도 주변에 있죠. 밤 외출에 완벽한 곳이에요.

마무리

That's it.

그게 다예요.

고득점 어휘/표현

어휘/표현

movie theater 영화관   department store 백화점   office 사무실, 회사   wait for ~을 기다리다   different 서로 다른, 여러 가지의
huge 거대한, 엄청난   be located 위치해 있다   night out 밤 외출

Q4 기억에 남는 영화 관람 경험

What was the most memorable movie you've watched? What was it about? What was so special about that movie? Would you recommend that movie to other people?

당신이 본 가장 기억에 남는 영화는 무엇인가요? 무엇에 관한 영화였나요? 그 영화에서 특별한 점은 무엇인가요? 다른 사람들에게 그 영화를 추천하고 싶나요?

모범답변

도입부	본문	마무리
듄이라는 영화, 기억에 남음	• 엄청난 출연진 • 줄거리가 매력적임 • 영화 음악이 기억에 남음	추천하고 싶음

도입부

A week ago, I watched a movie called Dune, and it was memorable.

일주일 전에, 듄이라는 영화를 봤고 그 영화는 인상적이었어요.

본문

First, it had an amazing 〔출연진〕. Everyone in the movie was perfect. I especially liked the 〔주연 배우〕 in it. Sorry, I forget his name 〔지금 당장〕, but he was great. Second, the story was 〔매력적인〕 with a lot of exciting moments, and the graphics were 〔믿을 수 없을 정도로〕. Every scene was so 〔독창적인〕. The director is a genius. Last, the 〔영화 음악〕 was memorable. It was so loud in the theater. I felt like I was in the movie.

우선, 엄청난 출연진이었어요. 영화에 나온 모두가 완벽했죠. 거기서 주연 배우가 특히 좋았어요. 미안해요, 지금 당장은 이름을 까먹었네요. 하지만 그는 훌륭했어요. 두 번째로, 줄거리는 흥미로운 사건이 많으면서 매력적이었고, 그래픽은 믿을 수 없을 정도였죠. 모든 장면이 정말 독창적이었어요. 감독은 천재예요. 마지막으로, 영화 음악이 기억에 남아요. 극장에서 음악소리가 정말 컸어요. 제가 영화 속에 있는 것처럼 느껴졌죠.

마무리

I want to 〔추천하다〕 it to everyone.

이 영화를 모두에게 추천하고 싶어요.

모범 답안

cast / lead actor / at the moment / fascinating / beyond belief / creative / soundtrack / recommend

What was the most memorable movie you've watched? What was it about? What was so special about that movie? Would you recommend that movie to other people?

당신이 본 가장 기억에 남는 영화는 무엇인가요? 무엇에 관한 영화였나요? 그 영화에서 특별한 점은 무엇인가요? 다른 사람들에게 그 영화를 추천하고 싶나요?

모범답변

MP3 2_8

도입부	본문	마무리
a movie called Dune, memorable	• an amazing cast • The story was fascinating. • The soundtrack was memorable.	want to recommend it

도입부

A week ago, I watched a movie called Dune, and it was memorable.

일주일 전에, 듄이라는 영화를 봤고 그 영화는 인상적이었어요.

본문

First, it had an amazing cast. Everyone in the movie was perfect. I especially liked the lead actor in it. Sorry, I forget his name at the moment, but he was great. Second, the story was fascinating with a lot of exciting moments, and the graphics were beyond belief. Every scene was so creative. The director is a genius. Last, the soundtrack was memorable. It was so loud in the theater. I felt like I was in the movie.

우선, 엄청난 출연진이었어요. 영화에 나온 모두가 완벽했죠. 거기서 주연 배우가 특히 좋았어요. 미안해요, 지금 당장은 이름을 까먹었네요, 하지만 그는 훌륭했어요. 두 번째로, 줄거리는 흥미로운 사건이 많으면서 매력적이었고, 그래픽은 믿을 수 없을 정도였죠. 모든 장면이 정말 독창적이었어요. 감독은 천재예요. 마지막으로, 영화 음악이 기억에 남아요. 극장에서 음악소리가 정말 컸어요. 제가 영화 속에 있는 것처럼 느껴졌죠.

마무리

I want to recommend it to everyone.

이 영화를 모두에게 추천하고 싶어요.

고득점 어휘/표현

어휘/표현

recommend 추천하다 memorable 기억할 만한, 인상 깊은 cast 출연자들, 배역 especially 특히 lead actor 주연 배우 forget 잊어버리다 at the moment 바로 지금, 마침 another 다른 fascinating 매력적인, 대단히 흥미로운 beyond belief 믿을 수 없을 정도인 scene 장면 creative 독창적인 director 감독 genius 천재 soundtrack 영화 전체의 녹음 부분, 영화 음악

• 좋아하는 영화 장르

• 자주 가는 영화관

• 기억에 남는 영화 관람 경험

STEP 1 **기출 포인트 파악하기**

가장 많이 나오는 3 COMBO 세트

❶ 좋아하는 음악/가수

You indicated that you like to listen to music. What type of music do you like listening to? Plus, who is your favorite singer or composer? What is special about his or her music?

당신은 음악 감상을 좋아한다고 답했습니다. 어떤 장르의 음악을 좋아하나요? 또한, 당신이 가장 좋아하는 가수나 작곡가는 누구인가요? 그나 그녀의 음악에서 어떠한 점이 특별한가요?

❷ 음악을 듣는 경향

When and where do you like to listen to music? Why do you listen to music?

언제, 어디에서 음악을 듣나요? 음악을 듣는 이유는 무엇인가요?

❸ 라이브 음악을 들으러 간 경험

Tell me about a time when you went to listen to some live music. Perhaps it was at a concert or a live cafe. What was the mood like and how did you like the music you listened there?

라이브 음악을 들으러 갔던 때에 대해 말해주세요. 아마 콘서트나 라이브 카페에서 있었던 일이겠죠. 그 곳의 분위기는 어땠고, 그곳에서 들은 음악은 어땠나요?

오픽 꿀팁 추가 빈출 문제

음악에 관심을 갖게 된 계기

Can you tell me what first got you into listening to music? When did you start listening to music? Did anyone in particular help you get interested in music? What caused you to first take an interest in music?

당신이 음악을 듣는 것에 어떻게 관심이 생겼는지 말해줄 수 있나요? 당신은 언제 처음으로 음악을 듣기 시작했나요? 음악에 관심을 갖게 한 사람이 있었나요? 음악에 관심을 갖게 된 계기는 무엇인가요?

제시된 오늘의 어휘와 패턴을 익히고 답변에 사용하고자 하는 어휘나 패턴에 체크해보세요.

어휘

☐	장르	genre
☐	동기를 부여하다, 의욕을 주다	motivate
☐	자신감 있는, 확신하는	confident
☐	전세계에, 전 세계적인	worldwide
☐	가사	lyric
☐	스트리밍 서비스	streaming service
☐	~와 연결하다, 접속하다	connect to
☐	활기찬	energetic
☐	록(음악의 한 장르)	rock
☐	헤비메탈(록의 한 장르)	heavy metal
☐	분위기	atmosphere
☐	연주자, 뮤지션	musician
☐	활기 넘치는, 박진감이 있는	lively

패턴

• feel the same way   같은 생각이다, 공감하다

I think a lot of people feel the same way.
제 생각에 많은 사람들이 저와 같은 마음일 것 같아요.

My friend and I usually _____ after watching movies together.
제 친구와 저는 대개 영화를 보고 나서 같은 생각을 합니다.

• easy to   ~ 하기 쉬운

It's easy to set up.
이것은 설치하기 쉽죠.

These lyrics are not _____ understand.
이 가사는 이해하기 쉽지 않습니다.

• while ~ing   ~하는 동안

The fast music helps me awake while driving.
빠른 음악은 운전하는 동안 깨어있을 수 있도록 도움을 줘요.

The radio channels are easy to get information about music _____.
라디오 채널은 운전하는 동안 음악에 대한 정보를 얻기 쉬워요.

나만의 문장 만들기

주어진 우리말을 보고 빈칸을 채우고 아래 모범 답안을 확인해보세요.

❶ 좋아하는 음악/가수 – 힙합

힙합 좋아함, 동기부여해 줌	I like listening to hip-hop because it 　동기를 부여하다, 의욕을 주다　 me.
아침에 외출 준비를 하려고 들음	I listen to it in the morning to 　준비를 하다　 for the day.
힙합은 자신감을 줌	Hip-hop makes me feel more 　자신감 있는　 .

❷ 좋아하는 음악/가수 – BTS, RM

가장 좋아하는 힙합 가수는 RM임	My favorite hip-hop 　가수　 is RM.
그는 BTS의 멤버이고, 전세계적으로 유명함	He's in BTS, and they're famous 　전 세계적인　 .
RM의 가사는 정말 감동적임	RM's 　가사　 are really 　감동적인　 .

❸ 음악을 듣는 경향 – 스트리밍 서비스

스트리밍 서비스를 사용함	I use a music 　스트리밍 서비스　 .
핸드폰에서 좋아하는 앨범을 골라서 재생함	I choose one of my favorite albums to 　재생하다　 on my phone.
자동으로 차량 스피커에 연결되어 설치하기 쉬움	It 　~와 연결하다　 my car speakers 　자동으로　 , so it's easy to set up.

❹ 라이브 음악 들으러 간 경험 – 재즈 바

일주일 전에 친구와 재즈 바 감	I 　~에 갔다　 a jazz bar a week age.
분위기는 매우 고급 졌음	분위기　 was very 　고급의, 세련된　 .
바에 있는 모든 사람들이 음악에 집중 했음	Everyone in the bar 　집중했다　 the music.

모범 답안

❶ motivates / get ready / confident
❷ artist / worldwide / lyrics / touching
❸ streaming service / play / connects to / automatically
❹ went to / The atmosphere / classy / focused on

실전 문제를 듣고 빈칸을 채우거나 소리내 말해보고 아래 모범 답안을 확인해보세요.

🔊 MP3 2_9

Q5 좋아하는 음악/가수

You indicated that you like to listen to music. What type of music do you like listening to? Plus, who is your favorite singer or composer? What is special about his or her music?

당신은 음악 감상을 좋아한다고 답했습니다. 어떤 장르의 음악을 좋아하나요? 또한, 당신이 가장 좋아하는 가수나 작곡가는 누구인가요? 그나 그녀의 음악에서 어떠한 점이 특별한가요?

모범답변

도입부	본문	마무리
힙합이 가장 좋아하는 장르	• 동기부여해줌 • 요즘 운동, 힙합 듣는 것이 도움됨 • 좋아하는 힙합 가수는 RM • RM의 가사는 정말 감동적임	요즘 정말 인기 많음

도입부

[요즘에는] , I think hip-hop is my favorite genre of music.

요즘에는, 힙합이 제가 가장 좋아하는 음악 장르인 것 같아요.

본문

[대체로] , I like listening to hip-hop because it [동기를 부여하다] me. I listen to it in the morning to [외출할 준비를 하다] . Hip-hop makes me feel more [자신감 있는] . Second, I'm trying to exercise these days, and listening to hip-hop [도움이 되다] . I just listen to my music and focus on exercising. [어쨌든] , my favorite hip-hop artist is RM. He's in BTS, and they're [전세계적으로 유명한] . RM's lyrics are really touching and he's always so cool.

대체로, 힙합이 동기부여 해주기 때문에 듣는 걸 좋아해요. 전 아침에 외출 준비를 하려고 그 음악을 들어요. 제게 더 자신감을 주죠. 둘째로, 요즘 운동하려고 노력하고 있는데, 힙합을 듣는 게 도움이 돼요. 저는 그냥 음악을 들으면서 운동하는 데에 집중하죠. 어쨌든, 가장 좋아하는 힙합 가수는 RM이에요. 그는 BTS의 멤버이고, 이들은 전세계적으로 유명하죠. RM의 가사는 정말 감동적이고, 그는 항상 정말 멋있어요.

마무리

Hip-hop is really popular these days. I think a lot of people [같은 마음이다] as I do.

힙합 음악은 요즘 정말 인기가 많아요. 제 생각에 많은 사람들이 저와 같은 마음일 것 같아요.

모범 답안

These days / Mostly / motivates / get ready for the day / confident / helps / Anyway / famous worldwide / feel the same way

좋아하는 음악/가수

You indicated that you like to listen to music. What type of music do you like listening to? Plus, who is your favorite singer or composer? What is special about his or her music?

당신은 음악 감상을 좋아한다고 답했습니다. 어떤 장르의 음악을 좋아하나요? 또한, 당신이 가장 좋아하는 가수나 작곡가는 누구인가요? 그나 그녀의 음악에서 어떠한 점이 특별한가요?

모범답변

🔊 MP3 2_10

도입부		본문		마무리
Hip-hop is my favorite genre.	▶	• It motivates me. • exercise these days, listening to hip-hop helps • My favorite hip-hop artist is RM. • RM's lyrics are really touching.	▶	Hip-hop is really popular these days.

도입부

These days, I think hip-hop is my favorite genre of music.

요즘에는, 힙합이 제가 가장 좋아하는 음악 장르인 것 같아요.

본문

Mostly, I like listening to hip-hop because it motivates me. I listen to it in the morning to get ready for the day. Hip-hop makes me feel more confident. Second, I'm trying to exercise these days, and listening to hip-hop helps. I just listen to my music and focus on exercising. Anyway, my favorite hip-hop artist is RM. He's in BTS, and they're famous worldwide. RM's lyrics are really touching and he's always so cool.

대체로, 힙합이 동기부여 해주기 때문에 듣는 걸 좋아해요. 전 아침에 외출 준비를 하려고 그 음악을 들어요. 제게 더 자신감을 주죠. 둘째로, 요즘 운동하려고 노력하고 있는데, 힙합을 듣는 게 도움이 돼요. 저는 그냥 음악을 들으면서 운동하는 데에 집중하죠. 어쨌든, 가장 좋아하는 힙합 가수는 RM이에요. 그는 BTS의 멤버이고, 이들은 전세계적으로 유명하죠. RM의 가사는 정말 감동적이고, 그는 항상 정말 멋있어요.

마무리

Hip-hop is really popular these days. I think a lot of people feel the same way as I do.

힙합 음악은 요즘 정말 인기가 많아요. 제 생각에 많은 사람들이 저와 같은 마음일 것 같아요.

고득점 어휘/표현

어휘/표현

indicate 나타내다   listen to ~을 듣다   type 종류, 유형   favorite 가장 좋아하는   singer 가수   composer 작곡가   special 특별한   these days 요즘에는, 근래에   get ready for the day 외출 준비를 하다   confident 자신감 있는   exercise 운동하다   focus on ~에 집중하다   famous 유명한   worldwide 전 세계적인, 전 세계에   touching 감동적인, 감정적이 되게 하는   feel the same way 같은 생각이다, 공감하다

Q6 음악을 듣는 경향

When and where do you like to listen to music? Why do you listen to music?
언제, 어디에서 음악을 듣나요? 음악을 듣는 이유는 무엇인가요?

모범답변

도입부	본문	마무리
주로 차에서 음악 들음	• 활기찬 음악 재생함 • 록 혹은 헤비메탈 • 운전하는 동안 깨어 있을 수 있도록 도움 줌	음악 없이 어떻게 운전하는 지 모르겠음

도입부

I mostly listen to music in my car.
저는 주로 차 안에서 음악을 듣는 것 같아요.

본문

I use a music streaming service, so I 고르다 one of my favorite albums to play on my phone. It ~에 연결되다 my car speakers 자동적으로 , so it's easy to 설치하다 . I usually play something 활기찬 , like rock or heavy metal. I can get 졸리는 , so the fast music helps 나를 깨어 있게 하는데 while driving.

스트리밍 서비스를 이용하기 때문에, 핸드폰에서 좋아하는 앨범을 골라서 재생하죠. 핸드폰이 자동으로 차량 스피커에 연결되기 때문에, 설치하기 쉽죠. 보통 록이나 헤비메탈 같은 활기찬 음악을 틀어요. 졸릴 수 있기 때문에, 빠른 음악은 운전하는 동안 깨어있을 수 있도록 도움을 줘요.

마무리

 솔직히 , I don't know how I can drive to work ~없이   music.
솔직히, 음악이 없으면 어떻게 운전하는지 모르겠어요.

모범 답안

choose / connects to / automatically / set up / energetic / sleepy / me awake / Honestly / without

음악을 듣는 경향

When and where do you like to listen to music? Why do you listen to music?
언제, 어디에서 음악을 듣나요? 음악을 듣는 이유는 무엇인가요?

모범답변

🔊 MP3 2_12

도입부	본문	마무리
mostly listen to music in my car	• play something energetic • rock or heavy metal • helps me awake while driving	I don't know how I can drive without music.

도입부

I mostly listen to music in my car.
저는 주로 차 안에서 음악을 듣는 것 같아요.

본문

I use a music streaming service, so I choose one of my favorite albums to play on my phone. It connects to my car speakers automatically, so it's easy to set up. I usually play something energetic, like rock or heavy metal. I can get sleepy, so the fast music helps me awake while driving.
스트리밍 서비스를 이용하기 때문에, 핸드폰에서 좋아하는 앨범을 골라서 재생하죠. 핸드폰이 자동으로 차량 스피커에 연결되기 때문에, 설치하기 쉽죠. 보통 록이나 헤비메탈 같은 활기찬 음악을 틀어요. 졸릴 수 있기 때문에, 빠른 음악은 운전하는 동안 깨어있을 수 있도록 도움을 줘요.

마무리

Honestly, I don't know how I can drive without music.
솔직히, 음악이 없으면 어떻게 운전하는지 모르겠어요.

고득점 어휘/표현

어휘/표현

mostly 대부분, 주로, 보통은   music streaming service 음악 스트리밍 서비스   choose 선택하다   connect to ~ ~에 연결되다
automatically 자동으로   set ~ up ~을 준비하다, 설치하다   usually 보통, 대개   energetic 활기찬   rock 록(음악의 한 장르)
heavy metal 헤비메탈(록음악의 한 장르)   sleepy 졸리는, 졸음이 오는   awake (잠에서) 깨다, 깨어 있는

Q7 라이브 음악 들으러 간 경험

Tell me about a time when you went to listen to some live music. Perhaps it was at a concert or a live café. What was the mood like and how did you like the music you listened there?

라이브 음악을 들으러 갔던 때에 대해 말해주세요. 아마 콘서트나 라이브 카페에서 있었던 일이겠죠. 그 곳의 분위기는 어땠고, 그곳에서 들은 음악은 어땠나요?

모범답변

도입부	본문	마무리
재즈바에 감	• 분위기가 매우 고급졌음 • 다양한 악기를 사용해 스윙 재즈를 연주함 • 스트레스를 해소할 수 있었음	이것이 최근에 라이브 음악을 들었던 때임

도입부

My friend and I went to a jazz bar a week ago.

일주일 전에, 친구와 저는 재즈 바에 갔어요.

본문

I ~에 대해 잘 모른다 jazz, but I had a great time. My friend took me there ~이기 때문에 he's ~에 푹 빠진 live music. The café was 깔끔한 and 멋진 . It was dark with a lot of small tables. The 분위기 was very classy. The musicians played swing jazz using various 악기 such as piano, guitars and drums. Everyone in the bar focused on the 생기 넘치는 music. I could 나의 스트레스를 해소하다 . I really enjoyed it.

재즈 음악에 대해 잘 모르지만, 그래도 즐거웠어요. 제 친구가 라이브 음악에 빠져 있기 때문에, 그가 절 그곳에 데려갔어요. 그 카페는 깔끔하고 멋졌어요. 어둡고 많은 탁자들이 있었죠. 분위기는 매우 고급졌어요. 연주자들은 피아노, 기타, 드럼과 같은 다양한 악기들을 사용해 스윙 재즈를 연주했어요. 바에 있는 모든 사람들이 생기 넘치는 음악에 집중했죠. 저는 스트레스를 해소할 수 있었어요. 전 정말 그 음악을 즐겼어요.

마무리

That was the last time I listened to live music. Do you like jazz, Ava?

그게 제가 최근에 라이브 음악을 들었던 때예요. 재즈 좋아하나요, 에바?

모범 답안

don't know much about / because / crazy about / neat / stylish / atmosphere / instruments / lively / relieve my stress

Q7 라이브 음악 들으러 간 경험

Tell me about a time when you went to listen to some live music. Perhaps it was at a concert or a live café. What was the mood like and how did you like the music you listened there?

라이브 음악을 들으러 갔던 때에 대해 말해주세요. 아마 콘서트나 라이브 카페에서 있었던 일이겠죠. 그 곳의 분위기는 어땠고, 그곳에서 들은 음악은 어땠나요?

모범답변   🔊 MP3 2_14

도입부	본문	마무리
went to a jazz bar	• The atmosphere was very classy. • played swing jazz using various instruments • could relieve my stress	That was the last time I listened to live music.

도입부

.My friend and I went to a jazz bar a week ago.

일주일 전에, 친구와 저는 재즈 바에 갔어요.

본문

I don't know much about jazz, but I had a great time. My friend took me there because he's crazy about live music. The café was neat and stylish. It was dark with a lot of small tables. The atmosphere was very classy. The musicians played swing jazz using various instruments such as piano, guitars and drums. Everyone in the bar focused on the lively music. I could relieve my stress. I really enjoyed it.

재즈 음악에 대해 잘 모르지만, 그래도 즐거웠어요. 제 친구가 라이브 음악에 빠져 있기 때문에, 그가 절 그곳에 데려갔어요. 그 카페는 깔끔하고 멋졌어요. 어둡고 많은 탁자들이 있었죠. 분위기는 매우 고급졌어요. 연주자들은 피아노, 기타, 드럼과 같은 다양한 악기들을 사용해 스윙 재즈를 연주했어요. 바에 있는 모든 사람들이 생기 넘치는 음악에 집중했죠. 저는 스트레스를 해소할 수 있었어요. 전 정말 그 음악을 즐겼어요.

마무리

That was the last time I listened to live music. Do you like jazz, Ava?

그게 제가 최근에 라이브 음악을 들었던 때예요. 재즈 좋아하나요, 에바?

고득점 어휘/표현

어휘/표현

performance 공연   be crazy about ~ ~에 푹 빠져 있다, ~에 열광하다   neat 정돈된, 깔끔한   stylish 유행을 따른, 멋진   atmosphere 공기, 분위기   classy 고급의, 세련된   swing jazz 스윙 재즈   various 다양한, 여러 가지의   instrument 악기, 기구   focus on ~ ~에 집중하다   lively 생기 넘치는

나만의 OPIc 답변 만들어 보기

• 좋아하는 음악/가수

• 음악을 듣는 경향

• 라이브 음악을 들으러 간 경험

STEP 1 기출 포인트 파악하기

가장 많이 나오는 3 COMBO 세트

❶ 좋아하는 가구

What kind of furniture do you have at home? Tell me about each type of furniture. Plus, what is your favorite piece of furniture? Why do you like it? When did you get it?

당신의 집에는 어떤 종류의 가구들이 있나요? 각각의 가구 종류에 대해 말해주세요. 또한, 좋아하는 가구는 무엇인가요? 왜 좋아하나요? 언제 그걸 샀나요?

❷ 과거와 현재의 가구 비교

Tell me about the furniture you had when you were young. How is it different from the furniture you have today? Give me specific examples of the differences.

당신이 어렸을 때 갖고 있었던 가구에 대해 말해주세요. 현재 가지고 있는 가구와 어떻게 다른가요? 차이점에 대한 구체적인 예시를 말해주세요.

❸ 가구에 문제가 생겼던 경험

Tell me about a time when you had problems with your furniture. Perhaps it got damaged for some reason. Tell me what exactly happened and how you solved the problem.

당신의 가구에 문제가 생겼던 때에 대해 말해주세요. 아마도 어떤 이유로 손상됐을 수도 있겠네요. 정확히 무슨 일이 있었는지 그리고 어떻게 그 문제를 해결했는지 말해주세요.

어휘와 패턴 익히기

제시된 오늘의 어휘와 패턴을 익히고 답변에 사용하고자 하는 어휘나 패턴에 체크해보세요.

어휘

☐	편안한	comfortable
☐	책장	bookcase
☐	크기가 …한	sized
☐	(침대의) 매트리스	mattress
☐	(자거나 쉬려고) 눕다	lie down
☐	낮잠을 자다	take a nap
☐	개조하다	remodel
☐	~을 없애다	get rid of
☐	것, 물건	stuff
☐	낡다, 해지다	wear out
☐	평평한	flat
☐	납득시키다, 설득하다	convince
☐	고르다, 선택하다	pick out
☐	(물건 등을) 배달하다	deliver

패턴

• such as   ~와 같은, 예를 들어

I have many kinds of furniture such as couch, bed, shelves, and table.
소파와 침대, 선반 그리고 테이블과 같이 많은 종류의 가구가 있어요.

I want to change my old furniture _____ a bed and bookshelves.
침대와 책장 같이 오래된 가구들을 바꾸고 싶어요.

• full of   ~로 가득 찬

There's also a big bookcase full of books.
또 책으로 가득 찬 큰 책장도 하나 있고요.

My room is _____ the brightly colored furniture.
제 방은 밝은 색의 가구로 가득 차 있습니다.

나만의 문장 만들기

주어진 우리말을 보고 빈칸을 채우고 아래 모범 답안을 확인해보세요.

❶ 좋아하는 가구

집에 편안한 가구가 많음	There's a lot of [편안한] furniture in my house.
첫째로, 대부분의 가구는 거실에 있음	First, most of the furniture is in [거실].
소파, 침대, 선반과 같이 많은 종류의 가구가 있음	I have [많은 종류의] furniture [~와 같은] couch, bed, shelves, and table.

❷ 과거와 현재의 가구 비교

가구는 다 바뀌었음	I think all of [가구] has changed.
우선, 거실을 개조함	First, my family [개조하다] our living room.
다음으로, 내 방을 완전히 바꿈	Second, my room has [완전히] changed.

❸ 가구에 문제가 생겼던 경험 – 문제

소파가 낡기 시작함	The couch started to [낡다, 해지다].
쿠션이 평평해짐	The cushions became [평평한].
더 이상 편안하지 않았음	So they weren't comfortable [이제는, 더 이상은].

❹ 가구에 문제가 생겼던 경험 – 해결

엄마와 함께 새로운 소파가 필요하다고 아빠를 설득함	Finally, my mother and I [~을 설득했다] my father that we needed a new couch.
매장에서 새것을 고름	We [~을 골랐다, 선택했다] a new one at the store.
집으로 배달됨	It [배달되었다] to our house.

모범 답안

❶ comfortable / the living room / many kinds of / such as
❷ the furniture / remodeled / completely
❸ wear out / flat / anymore
❹ convinced / picked out / was delivered

실전 문제를 듣고 빈칸을 채우거나 소리내 말해보고 아래 모범 답안을 확인해보세요.

🔊 MP3 2_15

Q8 **좋아하는 가구**

What kind of furniture do you have at home? Tell me about each type of furniture. Plus, what is your favorite piece of furniture? Why do you like it? When did you get it?

당신의 집에는 어떤 종류의 가구들이 있나요? 각각의 가구 종류에 대해 말해주세요. 또한, 좋아하는 가구는 무엇인가요? 왜 좋아하나요? 언제 그걸 샀나요?

모범답변

도입부	본문	마무리
편안한 가구들이 많음	• 많은 종류의 가구가 있음 • 가장 좋아하는 가구는 침대임 • 킹 사이즈이고 푹신한 매트리스가 있음	이 정도가 다임

도입부

There's a lot of [편안한] furniture in my house.

우리 집에는 편안한 가구가 많아요.

본문

First, most of the furniture is in the living room. I have many kinds of furniture such as [소파], bed, [선반], and table. There's also a big [책장] full of books. As for my favorite piece of furniture, it is [분명히] my bed. I bought an expensive one a month ago. My bed is king-[크기가 …한] with a soft mattress. I usually [(자거나 쉬려고) 눕다] on the bed and [낮잠을 자다]. I'm so happy when I'm in it.

우선, 대부분의 가구들은 거실에 있어요. 소파와 침대, 선반 그리고 테이블과 같이 많은 종류의 가구가 있어요. 또 책으로 가득 찬 큰 책장도 하나 있고요. 가장 좋아하는 가구라면, 분명히 제 침대겠죠. 한 달 전에 비싼 걸 샀어요. 제 침대는 킹 사이즈이고 푹신한 매트리스가 있어요. 주로 침대에 누워서 낮잠을 자요. 침대에 있을 때 전 정말 행복해요.

마무리

That's pretty much about it.

이 정도가 가구에 대한 다예요.

모범 답안

comfortable / couch / shelves / bookcase / definitely / sized / lie down / take a nap

Q8 좋아하는 가구

What kind of furniture do you have at home? Tell me about each type of furniture. Plus, what is your favorite piece of furniture? Why do you like it? When did you get it?

당신의 집에는 어떤 종류의 가구들이 있나요? 각각의 가구 종류에 대해 말해주세요. 또한, 좋아하는 가구는 무엇인가요? 왜 좋아하나요? 언제 그걸 샀나요?

모범답변　　　　　　　　　　　　　　　　　　　　　　　　　　　🔊 MP3 2_16

도입부	본문	마무리
a lot of comfortable furniture	• have many kinds of furniture • my favorite piece of furniture, definitely my bed • king-sized with a soft mattress	That's pretty much about it.

도입부

There's a lot of comfortable furniture in my house.
우리 집에는 편안한 가구가 많아요.

본문

First, most of the furniture is in the living room. I have many kinds of furniture such as couch, bed, shelves, and table. There's also a big bookcase full of books. As for my favorite piece of furniture, it is definitely my bed. I bought an expensive one a month ago. My bed is king-sized with a soft mattress. I usually lie down on the bed and take a nap. I'm so happy when I'm in it.

우선, 대부분의 가구들은 거실에 있어요. 소파와 침대, 선반 그리고 테이블과 같이 많은 종류의 가구가 있어요. 또 책으로 가득 찬 큰 책장도 하나 있고요. 가장 좋아하는 가구라면, 분명히 제 침대겠죠. 한 달 전에 비싼 걸 샀어요. 제 침대는 킹 사이즈이고 푹신한 매트리스가 있어요. 주로 침대에 누워서 낮잠을 자요. 침대에 있을 때 전 정말 행복해요.

마무리

That's pretty much about it.
이 정도가 가구에 대한 다예요.

고득점 어휘/표현

어휘/표현

furniture 가구　different 서로 다른　type 유형, 종류　comfortable 편안한, 안락한　couch 긴 의자, 소파　shelf 선반　bookcase 책장
definitely 분명히, 확실히　expensive 값비싼　-sized 크기가 …한　soft 부드러운, 푹신한　mattress 매트리스　lie down (자거나 쉬려고) 눕다　take a nap 낮잠을 자다

Q9 과거와 현재의 가구 비교

Tell me about the furniture you had when you were young. How is it different from the furniture you have today? Give me specific examples of the differences.

당신이 어렸을 때 갖고 있었던 가구에 대해 말해주세요. 현재 가지고 있는 가구와 어떻게 다른가요? 차이점에 대한 구체적인 예시를 말해주세요.

모범답변

도입부	본문	마무리
가구는 다 바뀌었음	• 우선, 거실을 개조함 • 오래된 가구를 없애고 새것을 샀음 • 침대가 훨씬 커짐	이게 기억나는 전부임

도입부

I think all of the furniture has 바뀌었다 .

제 생각에 가구는 다 바뀐 것 같아요.

본문

First, my family 개조했다 our living room. We ~을 없앴다 all the old furniture and bought new stuff. We have a longer couch and a large TV now. The living room 훨씬 더 나아 보이다 than it was. Second, my room has 완전히 changed. 우선 한 가지는 , my bed is now much larger. When I was a kid, I 단지 needed a small bed. It made a 큰 차이 . Now I feel more comfortable in my room.

우선, 우리 가족은 거실을 개조했어요. 우린 오래된 가구들을 없애고 새것들을 샀죠. 지금은 더 긴 소파랑 큰 TV가 있어요. 예전보다 거실이 훨씬 나아 보여요. 다음으로, 제 방은 완전히 바뀌었어요. 우선 한 가지는, 제 침대가 현재 훨씬 커졌다는 거예요. 어렸을 때는, 단지 작은 침대면 충분했어요. 이게 큰 차이를 만들었죠. 이제 방에 있을 때 훨씬 편안해요.

마무리

This is all I can remember for now.

지금 기억나는 건 이게 전부예요.

모범 답안

changed / remodeled / got rid of / looks much better / completely / For one thing / only / big difference

Q9 과거와 현재의 가구 비교

Tell me about the furniture you had when you were young. How is it different from the furniture you have today? Give me specific examples of the differences.

당신이 어렸을 때 갖고 있었던 가구에 대해 말해주세요. 현재 가지고 있는 가구와 어떻게 다른가요? 차이점에 대한 구체적인 예시를 말해주세요.

모범답변   🔊 MP3 2_18

도입부	본문	마무리
All of the furniture has changed.	• remodeled our living room • got rid of all the old furniture and bought new stuff • my bed is now much larger	This is all I can remember.

도입부

I think all of the furniture has changed.

제 생각에 가구는 다 바뀐 것 같아요.

본문

First, my family remodeled our living room. We got rid of all the old furniture and bought new stuff. We have a longer couch and a large TV now. The living room looks much better than it was. Second, my room has completely changed. For one thing, my bed is now much larger. When I was a kid, I only needed a small bed. It made a big difference. Now I feel more comfortable in my room.

우선, 우리 가족은 거실을 개조했어요. 우린 오래된 가구들을 없애고 새것들을 샀죠. 지금은 더 긴 소파랑 큰 TV가 있어요. 예전보다 거실이 훨씬 나아 보여요. 다음으로, 제 방은 완전히 바뀌었어요. 우선 한 가지는, 제 침대가 현재 훨씬 커졌다는 거예요. 어렸을 때는, 단지 작은 침대면 충분했어요. 이게 큰 차이를 만들었죠. 이제 방에 있을 때 훨씬 편안해요.

마무리

This is all I can remember for now.

지금 기억나는 건 이게 전부예요.

고득점 어휘/표현

어휘/표현

describe 설명하다   remodel 개조하다   living room 거실   get rid of ~ ~을 없애다   stuff 물건, 사물   couch 긴 의자, 소파
completely 완전히   for one thing 우선 한 가지 이유는   only 오직, 유일한   need ~을 필요로 하다   comfortable 편안한

Q10 가구에 문제가 생겼던 경험

Tell me about a time when you had problems with your furniture. Perhaps it got damaged for some reason. Tell me what exactly happened and how you solved the problem.

당신의 가구에 문제가 생겼던 때에 대해 말해주세요. 아마도 어떤 이유로 손상됐을 수도 있겠네요. 정확히 무슨 일이 있었는지 그리고 어떻게 그 문제를 해결했는지 말해주세요.

모범답변

도입부	본문	마무리
오랫동안 같은 소파를 씀	• 소파가 낡기 시작함 • 고치기 위해 아무것도 할 수가 없었음 • 매장에서 새 것을 골라 집으로 배달시킴	우리가 해결한 방법

도입부

My family had the same couch 　오랜 시간 동안　 . We sat there most evenings to watch TV together. My dad had his favorite spot on the left side.

우리 가족은 오랫동안 같은 소파를 썼어요. 거의 매일 저녁 함께 TV를 보려고 거기 앉았었죠. 저희 아빠는 왼쪽에 앉기 좋아하시는 자리가 있으셨어요.

본문

Well, over the years, the couch 　~하기 시작했다　 to wear out. The cushions became flat, so they weren't comfortable 　더 이상은　 . But, we couldn't do anything to 　고치다　 it. Finally, my mother and I 　설득하다　 my father that we needed a new couch. We 　~을 골랐다　 a new one at the store, and it 　배달되었다　 to our house. 　다행히도　 , the 　운송업자들　 took the old couch away when they brought the new one.

음, 몇 년에 걸쳐서, 소파가 낡기 시작했어요. 쿠션이 평평해져서, 더 이상 편안하지 않았죠. 하지만 그걸 고치기 위해 아무것도 할 수가 없었어요. 마침내, 엄마와 제가 새로운 소파가 필요하다고 아빠를 설득했죠. 매장에서 새것을 골랐고, 그게 집으로 배달됐어요. 다행히도, 운송업자 분들이 새것을 갖고 왔을 때 오래된 소파를 치워주셨죠.

마무리

That's how we solved the problem.

이것이 우리가 문제를 해결한 방법이에요.

모범답안

for a long time / started / anymore / fix / convinced / picked out / was delivered / Luckily / movers

Tell me about a time when you had problems with your furniture. Perhaps it got damaged for some reason. Tell me what exactly happened and how you solved the problem.

당신의 가구에 문제가 생겼던 때에 대해 말해주세요. 아마도 어떤 이유로 손상됐을 수도 있겠네요. 정확히 무슨 일이 있었는지 그리고 어떻게 그 문제를 해결했는지 말해주세요.

모범답변　　　　　　　　　　　　　　　　　　　　　　　　　　　　　MP3 2_20

도입부	본문	마무리
had the same couch for a long time	• started to wear out • couldn't do anything to fix it • picked out a new one at the store, was delivered to our house	how we solved the problem

도입부

My family had the same couch for a long time. We sat there most evenings to watch TV together. My dad had his favorite spot on the left side.

우리 가족은 오랫동안 같은 소파를 썼어요. 거의 매일 저녁 함께 TV를 보려고 거기 앉았었죠. 저희 아빠는 왼쪽에 앉기 좋아하시는 자리가 있으셨어요.

본문

Well, over the years, the couch started to wear out. The cushions became flat, so they weren't comfortable anymore. But, we couldn't do anything to fix it. Finally, my mother and I convinced my father that we needed a new couch. We picked out a new one at the store, and it was delivered to our house. Luckily, the movers took the old couch away when they brought the new one.

음, 몇 년에 걸쳐서, 소파가 낡기 시작했어요. 쿠션이 평평해져서, 더 이상 편안하지 않았죠. 하지만 그걸 고치기 위해 아무것도 할 수가 없었어요. 마침내, 엄마와 제가 새로운 소파가 필요하다고 아빠를 설득했죠. 매장에서 새것을 골랐고, 그게 집으로 배달됐어요. 다행히도, 운송업자 분들이 새것을 갖고 왔을 때 오래된 소파를 치워주셨죠.

마무리

That's how we solved the problem.

이것이 우리가 문제를 해결한 방법이에요.

고득점 어휘/표현

어휘/표현

perhaps 아마, 어쩌면　break 부서지다, 고장나다　unexpectedly 예상 외로, 갑자기　describe 설명하다　happen 일어나다　solve 해결하다　the same 마찬가지의, 동일한　evening 저녁　spot 장소, 지점　start to ~ ~하기 시작하다　wear out 낡다, 해지다　flat 평평한, 납작한　comfortable 편안한, 안락한　convince 납득시키다, 설득하다　pick out 고르다, 선택하다　deliver 배달하다　mover 운송업자　take ~ away ~을 치우다, 제거하다

• 좋아하는 가구

| 도입부 | 본문 | 마무리 |

• 과거와 현재의 가구 비교

| 도입부 | 본문 | 마무리 |

• 가구에 문제가 생겼던 경험

| 도입부 | 본문 | 마무리 |

DAY

★★★★☆

Q 11 12 13
카페/커피 전문점 가기

DATE _____

음성강의 듣기

STEP 1 **기출 포인트 파악하기**

가장 많이 나오는 3 COMBO 세트

❶ 카페에 가기로 한 약속 관련 질문

I'd like to give you a situation to act out. You have made plans to meet your friend at a coffee shop. Call your friend and ask three to four questions about your plans.

당신에게 주어진 상황에 맞춰서 역할극을 해주세요. 당신은 친구와 카페에서 만나기로 약속했습니다. 친구에게 전화해서 약속에 대해 서너 가지 질문을 물어보세요.

❷ 친구와의 약속 취소 상황 문제 해결

I'm sorry, but there's a problem you need to resolve. You were supposed to meet your friend at the coffee shop, but something came up at the last minute. Call your friend, explain the situation, and provide two to three alternatives.

유감스럽게도, 당신이 해결해야 할 문제가 있습니다. 친구와 카페에서 만나기로 했는데, 마지막 순간에 일이 생겼습니다. 친구에게 전화해서, 상황을 설명하고, 대안 두세 개를 제시하세요.

❸ 카페에서 기억에 남는 경험

Tell me about a memorable incident you had at a coffee shop. Maybe something unexpected happened in the coffee shop, or you met someone special. Start by giving me some background. And then tell me all the details about what happened.

카페에서 있었던 기억에 남는 일에 대해 말해주세요. 어쩌면 예상치 못했던 일이 일어났거나 특별한 사람을 만났을 수도 있죠. 먼저 일의 배경을 설명해주세요. 그리고 나서 일어난 일에 대해 모든 걸 자세히 말해주세요.

오픽 꿀팁

Q. 11, 12, 13번은 항상 롤플레이 유형으로 출제되나요?

A. 네, 하나의 주제에 대해 11번 질문하기, 12번 문제 해결하기, 13번 관련 경험 이야기하기로 롤플레이 유형이 출제돼요. 그렇기 때문에 문제에서 주어진 상황을 정확하게 이해하는 것이 중요합니다. 또한 롤플레이, 말 그대로 역할극이기 때문에 약간의 연기력까지 더해준다면 금상첨화예요!

제시된 오늘의 어휘와 패턴을 익히고 답변에 사용하고자 하는 어휘나 패턴에 체크해보세요.

어휘

☐	(다른 곳에 가지 않고) 머무르다, 남다	stay
☐	다양한, 여러 가지의	various
☐	(음식을) 맛보다	try
☐	비상사태, 위급	emergency
☐	선택지	option
☐	~을 통해	through
☐	핸드폰 어플리케이션	mobile app
☐	공공 장소	public place
☐	전국(전세계적인) 유행병	pandemic
☐	깨닫다, 알아차리다	realize

패턴

• how long   얼마나, 언제까지

How long do you want to stay at the coffee shop?
얼마동안 카페에 있고 싶어?

_____ does it take to come here?
여기에 오는데 얼마나 걸려?

• be worried about   ~에 대해 걱정하다

I was worried about going to public places because of the pandemic.
유행병 때문에 공공 장소에 가는 것을 걱정했죠.

I _____ eating out because of the pandemic.
유행병 때문에 외식하는 것을 걱정했죠.

나만의 문장 만들기

주어진 우리말을 보고 빈칸을 채우고 아래 모범 답안을 확인해보세요.

❶ 카페에 가기로 한 약속 관련 질문

먼저, 몇 시에 만나고 싶은지	First, 몇 시에 do you want to meet?
두 번째, 카페에서 뭐 좀 먹고 싶은지	Second, do you ~하고 싶다 eat something at the coffee shop?
마지막, 얼마동안 카페에 있고 싶은지	Last, 얼마나 do you want to 머무르다 at the coffee shop?

❷ 친구와의 약속 취소 상황 문제 해결 – 해결책 제시

첫 번째, 내일 만나는 것	First, can we 만나다 tomorrow?
다른 방법은, 오늘 밤에 저녁 먹는 것	다른 option is meeting tonight for dinner.
저녁을 살 수 있음	I can 사다 you dinner.

❸ 카페에서 기억에 남는 경험

집 근처 카페에 간 적 있음	I remember a time when I went to a coffee shop 가까이에 my house.
모바일 앱을 통해 아메리카노를 주문함	I 주문했다 a cup of americano ~을 통해 mobile app.
유행병으로 인해 공공 장소에 가는 것을 걱정함	I was worried about going to 공공 장소 because of 유행병.

모범 답안

❶ what time / want to / how long / stay
❷ meet / Another / buy
❸ near / ordered / through / public places / the pandemic

실전 문제를 듣고 빈칸을 채우거나 소리내 말해보고 아래 모범 답안을 확인해보세요.

🔊 MP3 2_21

Q11 카페에 가기로 한 약속 관련 질문

I'd like to give you a situation to act out. You have made plans to meet your friend at a coffee shop. Call your friend and ask three to four questions about your plans.

당신에게 주어진 상황에 맞춰서 역할극을 해주세요. 당신은 친구와 카페에서 만나기로 약속했습니다. 친구에게 전화해서 약속에 대해 서너 가지 질문을 물어보세요.

모범답변

도입부	본문	마무리
약속 관련해서 몇 가지 질문 있음	• 몇 시에 만날지 • 뭐 좀 먹을 생각 있는지 • 얼마나 있을 건지	그게 다임

도입부

Hi, Jiho. It's me, Taekyung. Do you [아직도, 여전히] want to [만나다] at the coffee shop later? Good! I have a few questions about our plans.

안녕, 지호야. 나야, 태경이. 아직 나중에 카페에서 만날 생각 있어? 좋아! 약속 관련해서 물어볼 게 몇 가지 있어.

본문

First, what time do you want to meet? For me, [~직후에] lunch is good. If I drink coffee late in the afternoon, I can't sleep at night. Second, do you want to [먹다] something at the coffee shop? I heard they have various types of sandwiches and bagels. I really want to try some food. Last, how long do you want to stay at the coffee shop? I [일정이 없다] after meeting you. We can [저녁을 먹다] together. That [좋은 계획인 것 같다] to me.

먼저, 언제 만나고 싶어? 나는 점심 시간 직후가 좋아. 오후 늦게 커피를 마시면, 밤에 잠이 안 오더라고. 두번째는, 카페에서 뭐 좀 먹고 싶어? 내가 듣기로는 다양한 종류의 샌드위치와 베이글이 있대. 나는 그것들을 좀 먹어보고 싶어. 마지막으로, 얼마동안 카페에 있고 싶어? 나는 너를 만난 후에는 다른 일정이 없어. 같이 저녁을 먹자. 내 생각엔 좋을 것 같아.

마무리

I think that's it. See you!

이게 다인 것 같아. 조금 이따 봐!

모범 답안

still / meet / right after / eat / have no plan / have dinner / sounds good

Q11 카페에 가기로 한 약속 관련 질문

I'd like to give you a situation to act out. You have made plans to meet your friend at a coffee shop. Call your friend and ask three to four questions about your plans.

당신에게 주어진 상황에 맞춰서 역할극을 해주세요. 당신은 친구와 카페에서 만나기로 약속했습니다. 친구에게 전화해서 약속에 대해 서 너 가지 질문을 물어보세요.

모범답변

🔊 MP3 2_22

도입부	본문	마무리
have a few questions about our plans	• what time, meet • want to try some food • how long, stay	That's it.

도입부

Hi, Jiho. It's me, Taekyung. Do you still want to meet at the coffee shop later? Good! I have a few questions about our plans.

안녕, 지호야. 나야, 태경이. 아직 나중에 카페에서 만날 생각 있어? 좋아! 약속 관련해서 물어볼 게 몇 가지 있어.

본문

First, what time do you want to meet? For me, right after lunch is good. If I drink coffee late in the afternoon, I can't sleep at night. Second, do you want to eat something at the coffee shop? I heard they have various types of sandwiches and bagels. I really want to try some food. Last, how long do you want to stay at the coffee shop? I have no plan after meeting you. We can have dinner together. That sounds good to me.

먼저, 언제 만나고 싶어? 나는 점심 시간 직후가 좋아. 오후 늦게 커피를 마시면, 밤에 잠이 안 오더라고. 두번째는, 카페에서 뭐 좀 먹고 싶어? 내가 듣기로는 다양한 종류의 샌드위치와 베이글이 있대. 나는 그것들을 좀 먹어보고 싶어. 마지막으로, 얼마동안 카페에 있고 싶어? 나는 너를 만난 후에는 다른 일정이 없어. 같이 저녁을 먹자. 내 생각엔 좋을 것 같아.

마무리

I think that's it. See you!

이게 다인 것 같아. 조금 이따 봐!

고득점 어휘/표현

어휘/표현

act out 실연하다, 연출하다　make plans 계획을 세우다　ask 묻다, 질문하다　still 아직, 여전히　right after ~ 직후에　various types of 다양한 종류의　stay 머무르다

Q12 친구와의 약속 취소 상황 문제 해결

I'm sorry, but there's a problem you need to resolve. You were supposed to meet your friend at the coffee shop, but something came up at the last minute. Call your friend, explain the situation, and provide two to three alternatives.

유감스럽게도, 당신이 해결해야 할 문제가 있습니다. 친구와 카페에서 만나기로 했는데, 마지막 순간에 일이 생겼습니다. 친구에게 전화해서, 상황을 설명하고, 대안 두세 개를 제시하세요.

모범답변

도입부	본문	마무리
안 좋은 소식이 있음	• 내일 만나는 게 어떤지 • 오늘 밤에 저녁 먹는 건 어떤지	전화 기다림

도입부

Hi, Justion. I have 안 좋은 소식 . I'm sorry, but I can't meet you at the coffee shop today.

안녕, 저스틴. 안 좋은 소식이 있어. 미안하지만, 나 오늘 너랑 카페에서 못 만날 것 같아.

본문

I know it's 마지막 순간 , but I 선택지가 없다 . My brother has an 급한 일 , and I need to go help him. I don't know how long it will take. First, can we 만나다 tomorrow? I'm 다른 계획이 없는 tomorrow. I don't have any plans. Another 선택지 is meeting tonight for dinner. I can meet for dinner after helping my brother. I can buy you dinner. Anyway, please 나에게 알려줘 .

갑작스럽다는 거 알아, 하지만 선택의 여지가 없어. 내 형제가 급한 일이 생겨서, 가서 도와줘야 할 것 같아. 얼마나 오래 걸릴지 모르겠어. 첫 번째는, 우리 내일 만나도 될까? 나는 내일 다른 계획이 없거든. 다른 방법은, 오늘 밤에 저녁 먹으러 만나는 거야. 내 형제를 도와준 다음에 저녁 먹으러 갈 수 있어. 내가 저녁 살게. 아무튼, 나에게 알려주길 바랄게.

마무리

Sorry again. I will ~을 기다리다 your call!

다시 한번 미안해. 네 전화 기다릴게!

모범 답안

a bad news / last minute / have no choice / emergency / meet / free / option / let me know / wait for

I'm sorry, but there's a problem you need to resolve. You were supposed to meet your friend at the coffee shop, but something came up at the last minute. Call your friend, explain the situation, and provide two to three alternatives.

유감스럽게도, 당신이 해결해야 할 문제가 있습니다. 친구와 카페에서 만나기로 했는데, 마지막 순간에 일이 생겼습니다. 친구에게 전화해서, 상황을 설명하고, 대안 두세 개를 제시하세요.

모범답변 🔊 MP3 2_24

도입부	본문	마무리
have a bad news	• Can we meet tomorrow? • meeting tonight for dinner	wait for your call

도입부

Hi, Justion. I have a bad news. I'm sorry, but I can't meet you at the coffee shop today.

안녕, 저스틴. 안 좋은 소식이 있어. 미안하지만, 나 오늘 너랑 카페에서 못 만날 것 같아.

본문

I know it's last minute, but I have no choice. My brother has an emergency, and I need to go help him. I don't know how long it will take. First, can we meet tomorrow? I'm free tomorrow. I don't have any plans. Another option is meeting tonight for dinner. I can meet for dinner after helping my brother. I can buy you dinner. Anyway, please let me know.

갑작스럽다는 거 알아, 하지만 선택의 여지가 없어. 내 형제가 급한 일이 생겨서, 가서 도와줘야 할 것 같아. 얼마나 오래 걸릴지 모르겠어. 첫 번째는, 우리 내일 만나도 될까? 나는 내일 다른 계획이 없거든. 다른 방법은, 오늘 밤에 저녁 먹으러 만나는 거야. 내 형제를 도와준 다음에 저녁 먹으러 갈 수 있어. 내가 저녁 살게. 아무튼, 나에게 알려주길 바랄게.

마무리

Sorry again. I will wait for your call!

다시 한번 미안해. 네 전화 기다릴게!

고득점 어휘/표현

어휘/표현

resolve 해결하다   be supposed to ~ ~하기로 되어 있다, ~할 예정이다   come up 일어나다, 생기다   at the last minute 마지막 순간에, 막바지에   explain 설명하다   provide 제공하다   emergency 비상사태, 위급   take (시간이)걸리다   option 선택지

Q13 카페에서 기억에 남는 경험

Tell me about a memorable incident you had at a coffee shop. Maybe something unexpected happened in the coffee shop, or you met someone special. Start by giving me some background. And then tell me all the details about what happened.

카페에서 있었던 기억에 남는 일에 대해 말해주세요. 어쩌면 예상치 못했던 일이 일어났거나 특별한 사람을 만났을 수도 있죠. 먼저 일의 배경을 설명해주세요. 그리고 나서 일어난 일에 대해 모든 걸 자세히 말해주세요.

모범답변

도입부	본문	마무리
집 근처에 있는 카페에 갔음	• 아메리카노 한 잔을 주문함 • 음료를 잘못 가져왔다는 걸 알아차림 • 카페로 돌아감	일이 그렇게 일어남

도입부

I remember a time when I went to a coffee shop near my house.

집 근처에 있는 카페에 갔던 적이 기억나네요.

본문

I [주문했다] a cup of americano [~을 통해] mobile app. I was worried about going to public places because of the [유행병]. I was waiting for my drink and playing a mobile game. So, I wasn't really [주의를 기울이다]. The staff put a drink on the counter, and I took it without thinking. When I came back, I smelled cinnamon. I [알아차렸다] I took the wrong drink! So I [돌아왔다] to the café and explained about the situation, and I got the right one.

핸드폰 앱을 통해서 아메리카노 한 잔을 주문했어요. 유행병 때문에 공공 장소에 가는 것을 걱정했죠. 제 음료가 나오길 기다리면서 모바일 게임을 하고 있었어요. 그러니까, 별로 주의를 기울이고 있지 않았죠. 직원분이 음료를 한 잔 카운터에 올려놓으시고, 전 생각없이 그걸 가져갔어요. 집에 돌아 왔는데 계피 냄새가 나더라고요. 음료를 잘못 가져왔다는 걸 알아차렸어요! 다시 카페로 돌아가서 상황에 대해 설명했고, 음료를 제대로 받았어요.

마무리

Anyway, that's how it happened.

아무튼, 일이 그렇게 일어났어요.

모범 답안

ordered / through / pandemic / paying attention / realized / went back

카페에서 기억에 남는 경험

Tell me about a memorable incident you had at a coffee shop. Maybe something unexpected happened in the coffee shop, or you met someone special. Start by giving me some background. And then tell me all the details about what happened.

카페에서 있었던 기억에 남는 일에 대해 말해주세요. 어쩌면 예상치 못했던 일이 일어났거나 특별한 사람을 만났을 수도 있죠. 먼저 일의 배경을 설명해주세요. 그리고 나서 일어난 일에 대해 모든 걸 자세히 말해주세요.

모범답변

🔊 MP3 2_26

도입부	본문	마무리
went to a coffee shop near my house	• ordered a cup of americano • realized I took the wrong drink • went back to the café	That's how it happened.

도입부

I remember a time when I went to a coffee shop near my house.
집 근처에 있는 카페에 갔던 적이 기억나네요.

본문

I ordered a cup of americano through mobile app. I was worried about going to public places because of the pandemic. I was waiting for my drink and playing a mobile game. So, I wasn't really paying attention. The staff put a drink on the counter, and I took it without thinking. When I came back, I smelled cinnamon. I realized I took the wrong drink! So I went back to the café and explained about the situation, and I got the right one.

핸드폰 앱을 통해서 아메리카노 한 잔을 주문했어요. 유행병 때문에 공공 장소에 가는 것을 걱정했죠. 제 음료가 나오길 기다리면서 모바일 게임을 하고 있었어요. 그러니까, 별로 주의를 기울이고 있지 않았죠. 직원분이 음료를 한 잔 카운터에 올려놓으시고, 전 생각없이 그걸 가져갔어요. 집에 돌아 왔는데 계피 냄새가 나더라고요. 음료를 잘못 가져왔다는 걸 알아차렸어요! 다시 카페로 돌아가서 상황에 대해 설명했고, 음료를 제대로 받았어요.

마무리

Anyway, that's how it happened.
아무튼, 일이 그렇게 일어났어요.

고득점 어휘/표현

어휘/표현

memorable 기억할 만한, 인상깊은   incident 일, 사건   unexpected 예상치 못한   background (일의)배경, 배후 사정   pandemic 전국 (전세계)적인 유행병   public place 공공 장소   near ~근처에, 가까이   forget 잊어버리다   pay attention 주의를 기울이다, 관심을 갖다 counter 카운터,계산대   take 가져가다   without thinking 생각없이, 무심코, 무의식적으로   smell ~의 냄새를 맡다 cinnamon 계피 realize 알아차리다, 깨닫다

STEP 5 나만의 OPIc 답변 만들어 보기

• 카페에 가기로 한 약속 관련 질문

| 도입부 | ▶ | 본문 | ▶ | 마무리 |

• 친구와의 약속 취소 상황 문제 해결

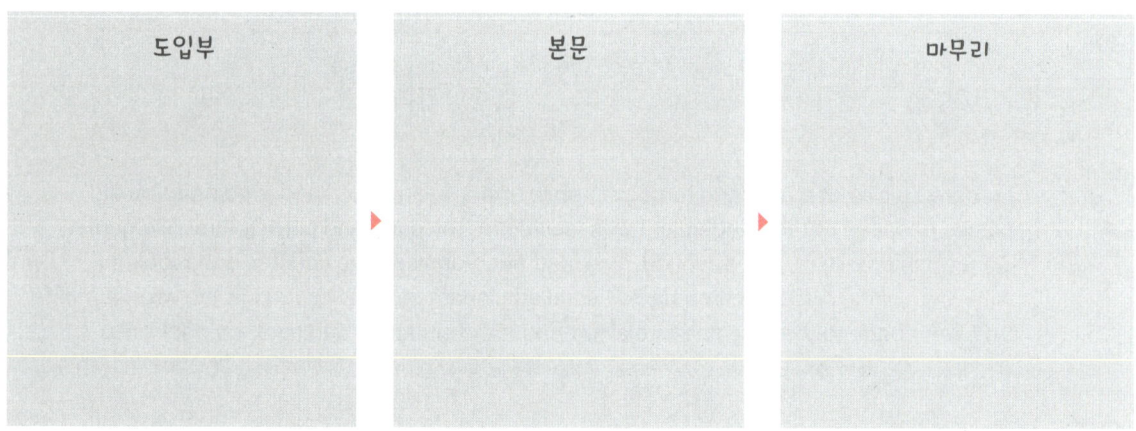

| 도입부 | ▶ | 본문 | ▶ | 마무리 |

• 카페에서 기억에 남는 경험

| 도입부 | ▶ | 본문 | ▶ | 마무리 |

STEP 1 기출 포인트 파악하기

가장 많이 나오는 3 COMBO 세트

❶ 좋아하는 방

I want to know where you live. Talk about the different rooms in your home. Tell me about your favorite room in your home. What does it look like?

당신이 어디에 사는지 알고 싶습니다. 당신의 집에 있는 여러 방들에 대해 말해주세요. 집에서 좋아하는 방에 대해 말해주세요. 그 방은 어떻게 생겼나요?

❷ 집에서 가족들과 있었던 특별한 경험

Talk about a special memory you had at home with your family members. Perhaps you had guests over or had a party of some sort. Tell me about that experience in detail.

집에서 당신의 가족들과 함께한 특별한 기억에 대해 말해주세요. 어쩌면 사람들을 초대하거나 파티를 했을 수도 있겠네요. 그 경험에 대해 자세히 말해주세요.

오픽 꿀팁 **추가 빈출 문제**

• 현재 살고 있는 집
  I want to know where you live. Can you describe your home to me? What is it like? How many rooms does it have?
  어디에 사는지 알고 싶습니다. 집에 대해 묘사해 줄 수 있나요? 어떻게 생겼나요? 방이 몇 개인가요?

• 집에 준 변화
  Sometimes we want to change something in our home. Perhaps we get new furniture or do some painting or decorating. Talk about one change that you have made to your home. Tell me why you decided to make that change.
  우리는 가끔 집에서 무언가를 바꾸고 싶어합니다. 새로운 가구를 사거나, 그림이나 장식을 하고 싶어 하기도 합니다. 집에 준 한 가지 변화에 대해 말해 주세요. 왜 그런 변화를 주기로 결심했는지 말해 주세요.

제시된 오늘의 어휘와 패턴을 익히고 답변에 사용하고자 하는 어휘나 패턴에 체크해보세요.

어휘

☐	(건물의) 층	floor
☐	아파트 단지	apartment complex
☐	아늑한	cozy
☐	직장을 얻다, 취직하다	get a job
☐	기억, 추억	memory
☐	최근의	recent
☐	기념하다, 축하하다	celebrate
☐	장식하다, 꾸미다	decorate
☐	(상품을) 주문하다	order
☐	자랑스러워하는, 자랑스러운	proud

패턴

• as for   ~에 관해 말하면, ~에 대해서 말하자면

As for my favorite room, I think it's the living room.
가장 좋아하는 방에 대해 말해보라면, 거실인 것 같아요.

_____ my home, it's so cozy that I can relax comfortably.
제 집에 대해 말하자면, 아늑해서 편안하게 쉴 수 있어요.

• on that day   그 날에, 당일에

On that day, we ordered his favorite food, and we gave him a gift.
파티 당일, 그가 좋아하는 음식들을 시키고 그에게 선물을 줬어요.

_____ of the birthday party, we made delicious food and desserts.
생일 파티 당일, 맛있는 음식과 디저트를 만들었어요.

주어진 우리말을 보고 빈칸을 채우고 아래 모범 답안을 확인해보세요.

❶ 좋아하는 방

가족과 함께 아파트에 살고 있음	I live in 〔아파트〕 with my family.
17층에 있음	It's on the 17th 〔층〕.
큰 아파트 단지 안에 있음	It's in a big 〔아파트 단지〕.

❷ 좋아하는 방

가장 좋아하는 방은 거실임	〔~에 관해 말하면〕 my favorite room, I think it's the living room.
매우 아늑함	It's very 〔아늑한〕.
저희 가족은 TV를 보거나, 게임을 하거나, 쉬면서 시간을 보냄	My family also spends time together there, watching TV, playing games, or just 〔쉬는 것〕.

❸ 집에서 가족들과 있었던 특별한 경험

집에서 큰 파티를 열기로 계획함	We 〔계획했다〕 a big party at home.
어머니는 꽃과 사진으로 거실을 장식하심	My mother 〔장식했다〕 the living room with flowers and 〔사진들〕 of my brother.
아버지와 나는 짧은 영상을 만듦	My father and I made 〔짧은 영상〕 to surprise him with.

모범답안

❶ an apartment / floor / apartment complex
❷ As for / cozy / relaxing
❸ planned / decorated / pictures / a short video

실전 문제 풀어보고 확인하기

실전 문제를 듣고 빈칸을 채우거나 소리내 말해보고 아래 모범 답안을 확인해보세요.

🔊 MP3 2_27

Q14 좋아하는 방

I want to know where you live. Talk about the different rooms in your home. Tell me about your favorite room in your home. What does it look like?

당신이 어디에 사는지 알고 싶습니다. 당신의 집에 있는 여러 방들에 대해 말해주세요. 집에서 좋아하는 방에 대해 말해주세요. 그 방은 어떻게 생겼나요?

모범답변

도입부	본문	마무리
가족들과 함께 아파트에 삶	• 침실, 욕실, 거실, 부엌이 있음 • 가장 좋아하는 방은 거실임 • 아늑함, 그곳에서 쉬는 것을 좋아함	그게 다임

도입부

I live in an apartment with my family. It's on the 17th 층 . It's in a big 아파트 단지 .

전 가족들과 함께 아파트에 살아요. 17층에 있죠. 큰 아파트 단지 안에 있어요.

본문

When you 들어오다 my home, my bedroom is on the left, and my brother's is on the right. The bathroom is ~사이에 the rooms. Then, there's the living room and kitchen. We have some 식물들 in our living room. As for my favorite room, I think it's the living room. It's very 아늑한 . I like 쉬는 것 there in the morning. My family also 시간을 보내다 together there, watching TV, playing games, or just relaxing.

우리 집에 들어오면, 제 침실은 왼쪽에 있고, 제 형제의 방은 오른쪽에 있어요. 욕실은 두 방 사이에 있고요. 그리고 거실과 주방이 있죠. 거실에는 식물들도 몇 개 있어요. 가장 좋아하는 방에 대해 말하자면, 거실인 것 같아요. 매우 아늑해요. 전 아침에 그곳에서 쉬는 걸 좋아해요. 그곳에서 저희 가족은 TV를 보거나, 게임을 하거나, 아니면 쉬면서 함께 시간을 보내요.

마무리

That's everything. I'm very happy in my home.

이게 다예요. 저희 집에 있으면 매우 행복해요.

모범 답안

floor / apartment complex / enter / between / plants / cozy / relaxing / spends time

Q14 좋아하는 방

I want to know where you live. Talk about the different rooms in your home. Tell me about your favorite room in your home. What does it look like?

당신이 어디에 사는지 알고 싶습니다. 당신의 집에 있는 여러 방들에 대해 말해주세요. 집에서 좋아하는 방에 대해 말해주세요. 그 방은 어떻게 생겼나요?

모범답변

🔊 MP3 2_28

도입부	본문	마무리
live in an apartment with my family	• bedroom, bathroom, living room, kitchen • favorite room, living room • cozy, like relaxing there	That's everything.

도입부

I live in an apartment with my family. It's on the 17th floor. It's in a big apartment complex.

전 가족들과 함께 아파트에 살아요. 17층에 있죠. 큰 아파트 단지 안에 있어요.

본문

When you enter my home, my bedroom is on the left, and my brother's is on the right. The bathroom is between the rooms. Then, there's the living room and kitchen. We have some plants in our living room. As for my favorite room, I think it's the living room. It's very cozy. I like relaxing there in the morning. My family also spends time together there, watching TV, playing games, or just relaxing.

우리 집에 들어오면, 제 침실은 왼쪽에 있고, 제 형제의 방은 오른쪽에 있어요. 욕실은 두 방 사이에 있고요. 그리고 거실과 주방이 있죠. 거실에는 식물들도 몇 개 있어요. 가장 좋아하는 방에 대해 말하자면, 거실인 것 같아요. 매우 아늑해요. 전 아침에 그곳에서 쉬는 걸 좋아해요. 그곳에서 저희 가족은 TV를 보거나, 게임을 하거나, 아니면 쉬면서 함께 시간을 보내요.

마무리

That's everything. I'm very happy in my home.

이게 다예요. 저희 집에 있으면 매우 행복해요.

고득점 어휘/표현

어휘/표현

favorite 가장 좋아하는   apartment complex 아파트 단지   enter 들어가다   between ~사이에   living room 거실   kitchen 주방
cozy 아늑한   relax 쉬다, 휴식을 취하다

Q15 집에서 가족들과 있었던 특별한 경험

Talk about a special memory you had at home with your family members. Perhaps you had guests over or had a party of some sort. Tell me about that experience in detail.

집에서 당신의 가족들과 함께한 특별한 기억에 대해 말해주세요. 어쩌면 사람들을 초대하거나 파티를 했을 수도 있겠네요. 그 경험에 대해 자세히 말해주세요.

모범답변

도입부	본문	마무리
특별한 추억이 많음	• 형제를 위해 파티를 엶 • 거실을 장식하고, 짧은 영상을 만듦 • 좋아하는 음식을 시키고, 선물을 줌	좋은 하루였음

도입부

I have a lot of [특별한 추억들] with my family at my home.

전 집에서 가족들과 함께한 특별한 추억이 많아요.

본문

I [~한 때를 기억하다] we had a party for my brother. He [졸업했다] from university and he [취업했다]. So, we wanted to [축하하다] his new start. We planned a big party at home. My mother [장식했다] the living room with flowers and pictures of my brother, and my father and I made a short video to surprise him with. On that day, we [주문했다] his favorite food, and we gave him a [선물]. My brother was surprised by everything we did. We were all very [~을 자랑스러워하는] him.

제 형제를 위해 파티를 했던 때가 기억나요. 작년에 대학교에서 졸업했고, 취업했죠. 그래서, 저희는 그가 이룬 것에 대해 축하해주고 싶었죠. 집에서 큰 파티를 열기로 계획했어요. 저희 어머니는 거실을 꽃과 제 형제의 사진으로 장식하셨고, 제 아버지와 전 그를 놀라게 해주려고 짧은 영상을 만들었죠. 파티 당일, 그가 좋아하는 음식들을 시키고 그에게 선물을 줬어요. 제 형제는 저희가 한 모든 것에 깜짝 놀랐어요. 우리 모두 그가 정말 자랑스러웠어요.

마무리

It was a great day.

좋은 하루였어요.

모범 답안

special memories / remember when / graduated / got a job / celebrate / decorated / ordered / gift / proud of

Talk about a special memory you had at home with your family members. Perhaps you had guests over or had a party of some sort. Tell me about that experience in detail.

집에서 당신의 가족들과 함께한 특별한 기억에 대해 말해주세요. 어쩌면 사람들을 초대하거나 파티를 했을 수도 있겠네요. 그 경험에 대해 자세히 말해주세요.

모범답변   MP3 2_30

도입부	본문	마무리
a lot of special memories	• had a party for my brother • decorated the living room, made a short video • ordered his favorite food, gave him a gift	It was a great day.

도입부

I have a lot of special memories with my family at my home.

전 집에서 가족들과 함께한 특별한 추억이 많아요.

본문

I remember when we had a party for my brother. He graduated from university and he got a job. So, we wanted to celebrate his new start. We planned a big party at home. My mother decorated the living room with flowers and pictures of my brother, and my father and I made a short video to surprise him with. On that day, we ordered his favorite food, and we gave him a gift. My brother was surprised by everything we did. We were all very proud of him.

제 형제를 위해 파티를 했던 때가 기억나요. 작년에 대학교에서 졸업했고, 취업했죠. 그래서, 저희는 그가 이룬 것에 대해 축하해주고 싶었죠. 집에서 큰 파티를 열기로 계획했어요. 저희 어머니는 거실을 꽃과 제 형제의 사진으로 장식하셨고, 제 아버지와 전 그를 놀라게 해주려고 짧은 영상을 만들었죠. 파티 당일, 그가 좋아하는 음식들을 시키고 그에게 선물을 줬어요. 제 형제는 저희가 한 모든 것에 깜짝 놀랐어요. 우리 모두 그가 정말 자랑스러웠어요.

마무리

It was a great day.

좋은 하루였어요.

고득점 어휘/표현

어휘/표현

special 특별한   memory 기억, 추억   graduate from ~에서 졸업하다   celebrate 기념하다, 축하하다   decorate ~ with ... ~을 ...로 꾸미다   surprise 놀라게 하다   order 주문하다   be proud of ~ ~을 자랑으로 여기다

· 좋아하는 방

· 집에서 가족들과 있었던 특별한 경험

OPIc

진짜학습지

IM

Week

3

OPIc
진짜학습지 **IM**

초판 1쇄 발행 2022년 2월 23일
초판 4쇄 발행 2025년 7월 15일

지은이 멀티캠퍼스·시원스쿨어학연구소
펴낸곳 (주)에스제이더블유인터내셔널
펴낸이 양홍걸 이시원

홈페이지 www.siwonschool.com
주소 서울시 영등포구 영신로 166 시원스쿨
교재 구입 문의 02)2014-8151
고객센터 02)6409-0878

ISBN 979-11-6150-583-1 13740
Number 1-110806-26123000-04

Week

3

이번 주 학습 목표

◈ 지형 주제 관련 문제를 학습할 수 있다.

◈ 영화 주제 관련 롤플레이 문제에 답변할 수 있다.

◈ 다양한 주제의 과거 경험에 대해 이야기할 수 있다.

전체 MP3 모음

문항 구성

자기소개	1 자기소개	공통형 지형	8 우리나라의 지형
공통형 집/동네	2 내가 살고 있는 동네		9 지형과 관련된 활동
	3 집에서의 일과		10 지형 관련 기억에 남는 경험
	4 집에서 있었던 문제 경험	롤플레이 (선택형) 영화 보기	11 친구에게 영화 관련 질문
선택형 TV 보기	5 좋아하는 TV 프로그램/영화		12 영화 관람 중 지루한 상황 문제 해결
	6 과거와 현재의 TV 프로그램/영화 취향 변화		13 지루한 영화를 본 경험
	7 최근에 본 TV 프로그램/영화	선택형 국내 여행	14 좋아하는 국내 여행 장소
			15 여행에 대해 질문

시험 난이도 ★★★☆☆

Self-Assessment 3-3

STEP 1 **어휘와 패턴 익히기**

제시된 오늘의 어휘와 패턴을 익히고 답변에 사용하고자 하는 어휘나 패턴에 체크해보세요

어휘

☐	약간, 다소	a little
☐	불안해하는, 두려워하는	nervous
☐	높은 점수	high score
☐	승진하다	get promoted
☐	개인적으로	personally
☐	확신하는, 확실히 아는	sure
☐	어려운, 힘든	difficult
☐	준비하다, 대비하다	prepare
☐	상당히, 많이	a lot
☐	나의 행운을 빌어줘	wish me luck

패턴

• I'm here because   ~ 때문에 왔다

I'm here because I need to get a high score and get promoted in my company.
높은 점수를 받아 회사에서 승진해야 해서 왔거든요.
_____ I need to get a high score for my resume.
이력서에 높은 점수가 필요해서 왔어요.

• It's difficult to   ~ 하는 것은 어렵다

It's difficult to speak well.
잘 말하는 건 어렵죠.
_____ introduce yourself in front of many people.
많은 사람들 앞에서 자기 소개하는 것은 어렵죠.

• I'm not sure   ~을 잘 모르다

Personally, I'm not sure how good I am.
개인적으로, 얼마나 잘 하는지 모르겠어요.
_____ how good I am in English.
제가 영어를 얼마나 잘 하는지 모르겠어요.

실전 문제를 듣고 아래 핵심 아이디어를 확인한 뒤 소리내 말해보세요.

🔊 MP3 3_1

Q1 자기소개

Let's start the interview now. Tell me a little bit about yourself.

인터뷰를 시작합시다. 당신에 대해 말해주세요.

모범답변

🔊 MP3 3_2

도입부	본문	마무리
만나서 반가움 nice to meet you	• 조금 긴장됨 a little nervous • 높은 점수를 받아 승진해야 함 get a high score and get promoted • 많이 준비함 prepared a lot	그게 다임 That's it.

도입부

Hi, Ava. I'm Andy. It's nice to meet you.

안녕하세요, 에바. 전 앤디예요. 만나서 반가워요.

본문

I'm OK today, but I'm a little nervous. I'm here because I need to get a high score and get promoted in my company. I really want to do well. Personally, I'm not sure how good I am, but it's difficult to speak well. But, I prepared a lot for today. So, wish me luck!

오늘 기분은 괜찮은 편이지만, 조금 긴장되네요. 높은 점수를 받아 회사에서 승진해야 해서 왔거든요. 정말 잘 하고 싶어요. 개인적으로, 얼마나 잘 하는 지 잘 모르겠지만 잘 말하는 건 어렵죠. 그래도, 오늘을 위해서 많이 준비했어요. 그러니까, 행운을 빌어 주세요!

마무리

I think that's it for now.

제 생각엔 지금은 이게 다 인 것 같아요.

고득점 어휘/표현

어휘/표현

nervous 안절부절 못하는, 불안한   high score 높은 점수   get promoted 승진하다   personally 개인적으로, 자기로서는   sure 확신하는, 확실히 아는   difficult 어려운, 힘든   be good at ~ ~을 잘하다, ~에 능숙하다   prepare 준비하다

STEP 1 기출 포인트 파악하기

가장 많이 나오는 3 COMBO 세트

❶ 내가 살고 있는 동네

Tell me about your neighborhood. Where do you live? Have you been living there for a long time? Do you like where you live? Why or why not? What does your neighborhood look like? Tell me everything in as much detail as possible.

당신이 사는 동네에 대해 말해주세요. 어디에 사나요? 오랫동안 그 곳에 살았나요? 당신이 사는 곳이 마음에 드나요? 이유는 무엇인가요? 당신이 사는 동네는 어떻게 생겼나요? 가능한 한 매우 자세하게 모든 걸 말해주세요.

❷ 집에서의 일과

Tell me about what you typically do on weekdays and weekends at home. Do you have routines that you like to follow when you are at home? Tell me everything.

집에서 평일과 주말에 당신이 보통 무엇을 하는지에 대해 말해주세요. 집에 있을 때 따르기 좋아하는 일과가 있나요? 모두 말해주세요.

❸ 집에서 있었던 문제 경험

Have you ever had a problem in your home? What was the problem? Was the problem your fault? How did you fix the problem? Tell me everything in as much detail as possible.

집에서 문제가 생겼던 적이 있나요? 무슨 문제였나요? 당신의 잘못으로 일어난 문제였나요? 어떻게 해결했나요? 가능한 한 자세히 모든 걸 말해주세요.

오픽 꿀팁 추가 빈출 문제

- 어렸을 때 살았던 동네

  Talk about the place you lived in and the surrounding area when you were a child. What do you remember about that place? Describe your home from your early childhood in detail.

  어릴 때 살던 곳과 주변 지역에 대해 이야기해 주세요. 그 장소에 대해 무엇을 기억하나요? 어린 시절의 당신의 집을 자세히 묘사하세요.

- 집에서 가족들과 있었던 추억

  Talk about a special memory you had at home with your family members. Perhaps you had guests over or had a party of some sort. Tell me about that experience in detail.

  가족과 함께 집에서 가졌던 특별한 추억에 대해 이야기해 주세요. 아마도 당신은 손님들을 초대하거나 어떤 종류의 파티를 열었을 것입니다. 그 경험에 대해 자세히 말해 주세요.

제시된 오늘의 어휘와 패턴을 익히고 답변에 사용하고자 하는 어휘나 패턴에 체크해보세요.

어휘

☐	~로 이사오다	move to
☐	근처, 인근, 동네	neighborhood
☐	아파트 단지	apartment complex
☐	평일	weekday
☐	주말	weekend
☐	편안한	comfy
☐	~와 만날 약속을 하다	make a plan with
☐	~을 만회하다, 보충하다	catch up on
☐	답답하게 하는	frustrating
☐	재택근무하다	work from home
☐	파일을 보내다	send files
☐	~에 참석하다	attend

패턴

• There is nothing special about   ~에 대해 특별한 것은 없다

I guess there's nothing special about my neighborhood.
제 생각엔 저희 동네엔 특별할 게 없는 것 같아요.

_____ my apartment complex.
우리 아파트 단지에는 특별한 것이 없어요.

• I spend much time at   ~에서 많은 시간을 보내다

Like a lot of people, I don't spend much time at home during the weekdays.
많은 사람들처럼, 평일에는 집에서 그다지 시간을 보내지 않아요.

_____ the café during the weekend.
주말에는 카페에서 많은 시간을 보내요.

• be worried about   ~에 대해 걱정하다

I was so worried about my work.
제 일에 대해 정말 걱정됐어요.

I _____ working from home.
재택근무하는 것에 대해 걱정됐어요.

나만의 문장 만들기

주어진 우리말을 보고 빈칸을 채우고 아래 모범 답안을 확인해보세요.

❶ 내가 살고 있는 동네 - 설명

가족과 함께 인천에 살고 있음	I ⬚~에 살고 있다⬚ Incheon with my family.
3년 전에 이사 옴	We ⬚~로 이사 왔다⬚ this apartment 3 years ago.
살기에 평범한 곳	It's just a ⬚평범한 곳⬚ to live.

❷ 집에서의 일과 - 평일

평일에 집에서 시간 많이 안 보냄	⬚평일 동안⬚, I don't spend much time at home.
일을 많이 해서 늦게 퇴근	I work ⬚많이⬚, so I leave work late.
자기 전에 TV쇼 봄	I watch ⬚TV쇼⬚ before bed.

❸ 집에서의 일과 - 주말

일요일에는 집에서 많은 시간 보냄	I spend a lot of time at home ⬚일요일마다⬚.
편하게 쉼	I just ⬚편하게 쉬다⬚.
TV보고 밀린 잠도 잠	I watch TV and ⬚~을 보충하다⬚ sleep.

❹ 집에서 있었던 문제 경험

재택근무 중	I was ⬚재택근무를 하다⬚.
인터넷 갑자기 멈춤	My internet at home ⬚갑자기 멈췄다⬚ working.
회의 놓침	I ⬚놓쳤다⬚ a meeting.

모범 답안

❶ live in / moved to / normal place
❷ During the weekdays / a lot / a TV show
❸ on Sundays / relax / catch up on
❹ working from home / suddenly stopped / missed

실전 문제 풀어보고 확인하기

실전 문제를 듣고 빈칸을 채우거나 소리내 말해보고 아래 모범 답안을 확인해보세요.

🔊 MP3 3_3

Q2 내가 살고 있는 동네

Tell me about your neighborhood. Where do you live? Have you been living there for a long time? Do you like where you live? Why or why not? What does your neighborhood look like? Tell me everything in as much detail as possible.

당신이 사는 동네에 대해 말해주세요. 어디에 사나요? 오랫동안 그 곳에 살았나요? 당신이 사는 곳이 마음에 드나요? 이유는 무엇인가요? 당신이 사는 동네는 어떻게 생겼나요? 가능한 한 매우 자세하게 모든 걸 말해주세요.

모범답변

도입부	본문	마무리
가족들과 인천에 살고 있음	• 평범한 동네 • 많은 고층 아파트 • 작은 산들 • 작은 가게들과 카페들	거의 모든 것임

도입부

I live in Incheon with my family. We [~로 이사왔다] to this apartment three years ago.

전 가족들과 같이 인천에 살아요. 우린 3년 전에 지금 살고 있는 아파트로 이사왔죠.

본문

There are many [고층의] apartments. All the buildings look [비슷한]. You can see small mountains [~뒤에] them. There are some small shops and cafés in my [아파트 단지]. I guess there's nothing special about my neighborhood. It's just a [평범한 곳] to live.

우리 동네는 평범한 동네예요. 고층 아파트가 많이 있어요. 모든 건물이 비슷해 보이죠. 그 뒤에 작은 산들도 볼 수 있어요. 우리 아파트 단지 안에 작은 가게와 카페 몇 개가 있어요. 제 생각엔 저희 동네엔 특별할 게 없는 것 같아요. 그냥 살기에 평범한 곳이죠.

마무리

This is pretty much everything about my neighborhood.

이것이 우리 동네에 관한 거의 모든 것이에요.

모범 답안

moved to / high-rise / similar / behind / apartment complex / normal place

Q2 내가 살고 있는 동네

Tell me about your neighborhood. Where do you live? Have you been living there for a long time? Do you like where you live? Why or why not? What does your neighborhood look like? Tell me everything in as much detail as possible.

당신이 사는 동네에 대해 말해주세요. 어디에 사나요? 오랫동안 그 곳에 살았나요? 당신이 사는 곳이 마음에 드나요? 이유는 무엇인가요? 당신이 사는 동네는 어떻게 생겼나요? 가능한 한 매우 자세하게 모든 걸 말해주세요.

모범답변　　　　　　　　　　　　　　　　　　　　　　　　　　　　　🔊 MP3 3_4

도입부	본문	마무리
live in Incheon with my family	• a typical neighborhood • many high-rise apartments • small mountains • small shops and cafés	pretty much everything

도입부

I live in Incheon with my family. We moved to this apartment three years ago.

전 가족들과 같이 인천에 살아요. 우린 3년 전에 지금 살고 있는 아파트로 이사 왔죠.

본문

There are many high-rise apartments. They look similar. You can see small mountains behind them. There are some small shops and cafés in my apartment complex. I guess there's nothing special about my neighborhood. It's just a normal place to live.

우리 동네는 평범한 동네예요. 고층 아파트가 많이 있어요. 모든 건물이 비슷해 보이죠. 그 뒤에 작은 산들도 볼 수 있어요. 우리 아파트 단지 안에 작은 가게와 카페 몇 개가 있어요. 제 생각엔 저희 동네엔 특별할 게 없는 것 같아요. 그냥 살기에 평범한 곳이죠.

마무리

This is pretty much everything about my neighborhood.

이것이 우리 동네에 관한 거의 모든 것이에요.

고득점 어휘/표현

어휘/표현

move to ~ ~로 이사오다　neighborhood 근처, 인근, 동네　typical 일반적인, 평범한　rest 나머지, 다른 것들　high-rise 고층의　similar 비슷한　apartment complex 아파트 단지　normal 보통의, 평범한

Q3 집에서의 일과

Tell me about what you typically do on weekdays and weekends at home. Do you have routines that you like to follow when you are at home? Tell me everything.

집에서 평일과 주말에 당신이 보통 무엇을 하는지에 대해 말해주세요. 집에 있을 때 따르기 좋아하는 일과가 있나요? 모두 말해주세요.

모범답변

도입부	본문	마무리
평일과 주말에 다른 일을 함	• 평일: 자기 전에 TV 쇼를 봄 • 토요일: 친구들과 약속을 잡고 외출함 • 일요일: 집에서 많은 시간을 보냄	집에서 더 많은 시간을 보내면 좋겠음

도입부

I 　항상　 enjoy being at home, but I do different things on the 　평일　 and weekends.

전 항상 집에 있는 걸 즐겨요. 하지만 평일과 주말에 다른 일을 해요.

본문

During the weekdays, I don't spend much time at home. I work a lot, so I 　퇴근하다　 late. I come home, put on 　편안한　 clothes, and watch a TV show before bed. Then, on Saturdays, I try to be 　활동적인　. I usually 　계획을 세우다　 with friends and 　외출하다　. So, I spend a lot of time at home only on Sundays. I do nothing. I just 　편하게 쉬다　. I watch TV and 　~을 보충하다　 sleep.

평일 동안에는 집에서 그다지 시간을 보내지 않아요. 일을 많이 해서 늦게 퇴근하죠. 집에 와서, 편한 옷을 입고, 자기 전에 TV 쇼를 봐요. 그리고, 토요일에는, 움직이려고 해요. 보통 친구들과 약속을 잡고 외출하죠. 그래서, 일요일에는 집에서 많은 시간을 보내요. 아무것도 안 해요. 그냥 편하게 쉬죠. TV를 보고, 밀린 잠도 자요.

마무리

I really want to have more time at home on the weekdays.

평일에 집에서 더 많은 시간을 보냈으면 좋겠어요.

모범답안

always / weekdays / leave work / comfy / active / make plans / go out / relax / catch up on

Q3 **집에서의 일과**

Tell me about what you typically do on weekdays and weekends at home. Do you have routines that you like to follow when you are at home? Tell me everything.

집에서 평일과 주말에 당신이 보통 무엇을 하는지에 대해 말해주세요. 집에 있을 때 따르기 좋아하는 일과가 있나요? 모두 말해주세요.

모범답변

(🔊) MP3 3_6

도입부	본문	마무리
do different things on the weekdays and weekends	• during weekdays, watch a TV show • on Saturdays, make plans with friends and go out • on Sundays, spend a lot of time at home	want to have more time at home

도입부

I always enjoy being at home, but I do different things on the weekdays and weekends.

전 항상 집에 있는 걸 즐겨요, 하지만 평일과 주말에 다른 일을 해요.

본문

During the weekdays, I don't spend much time at home. I work a lot, so I leave work late. I come home, put on comfy clothes, and watch a TV show before bed. Then, on Saturdays, I try to be active. I usually make plans with friends and go out. So, I spend a lot of time at home only on Sundays. I do nothing. I just relax. I watch TV and catch up on sleep.

평일 동안에는 집에서 그다지 시간을 보내지 않아요. 일을 많이 해서 늦게 퇴근하죠. 집에 와서, 편한 옷을 입고, 자기 전에 TV 쇼를 봐요. 그리고, 토요일에는, 움직이려고 해요. 보통 친구들과 약속을 잡고 외출하죠. 그래서, 일요일에는 집에서 많은 시간을 보내요. 아무것도 안 해요. 그냥 편하게 쉬죠. TV를 보고, 밀린 잠도 자요.

마무리

I really mant to have more time at home on the weekdays.

평일에 집에서 더 많은 시간을 보냈으면 좋겠어요.

고득점 어휘/표현

어휘/표현

typically 일반적으로, 대체로   weekdays 평일   weekends 주말   routine 일과   spend time 시간을 보내다   leave work 퇴근하다
put on ~을 입다   comfy (comfortable) 편안한   active 활동적인   make a plan with ~와 만날 약속을 잡다   go out 외출하다
relax 쉬다   catch up on ~을 만회하다, 보충하다

Q4 집에서 있었던 문제 경험

Have you ever had a problem in your home? What was the problem? Was the problem your fault? How did you fix the problem? Tell me everything in as much detail as possible.

집에서 문제가 생겼던 적이 있나요? 무슨 문제였나요? 당신의 잘못으로 일어난 문제였나요? 어떻게 해결했나요? 가능한 한 자세히 모든 걸 말해주세요.

모범답변

도입부	본문	마무리
지난 여름에 답답한 일	• 재택근무 중이었음 • 인터넷이 갑자기 작동을 멈춤 • 회의를 하나 놓침 • 카페로 일하러 가야만 했음	일하기 전에 인터넷 연결 확인함

도입부

I remember a frustrating 경험 in my home last summer.

지난 여름에 집에서 있었던 답답한 일이 기억나네요.

본문

I was working 집에서   ~때문에 the pandemic. So, I really needed the internet to send files and 참석하다 Zoom meetings. But, my internet at home 갑자기   작동을 멈췄다 . I tried everything to 고치다 it, but nothing worked. It was the 최악의 타이밍 . I was so ~에 대해   걱정되는 my work. I even 놓쳤다 a meeting! I called the internet company, but nobody could come until the next morning. So, I had to go to a café to work.

그때 전 유행병 때문에 재택근무를 하고 있었어요. 그래서, 파일을 보내고 줌 회의에 참석하기 위해서 인터넷이 정말 필요했죠. 하지만 우리 집 인터넷이 갑자기 작동을 멈췄어요, 그걸 고치려고 모든 걸 다 해봤지만, 아무것도 소용이 없었죠. 가장 최악의 타이밍이었어요. 제 일에 대해 정말 걱정됐어요. 심지어 회의 하나도 놓치고 말았죠! 인터넷 회사에 전화했지만, 다음날 아침까지 아무도 올 수 없었어요. 그래서, 일을 하러 카페에 가야만 했죠.

마무리

I always check 인터넷 연결 before working.

저는 일하기 전에 항상 인터넷 연결을 확인해요.

모범 답안

experience / from home / because of / attend / suddenly / stopped working / fix / worst timing / worried about / missed / internet connection

Q4 **집에서 있었던 문제 경험**

Have you ever had a problem in your home? What was the problem? Was the problem your fault? How did you fix the problem? Tell me everything in as much detail as possible.

집에서 문제가 생겼던 적이 있나요? 무슨 문제였나요? 당신의 잘못으로 일어난 문제였나요?? 어떻게 해결했나요? 가능한 한 자세히 모든 걸 말해주세요.

모범답변   🔊 MP3 3_8

도입부	본문	마무리
a frustrating experience last summer	• I was working from home • My internet suddenly stopped working. • missed a meeting • had to go to a café to work	check internet connection before working

도입부

I remember a frustrating experience in my home last summer.

지난 여름에 집에서 있었던 답답한 일이 기억나네요.

본문

I was working from home because of the pandemic. So, I really needed the internet to send files and attend Zoom meetings. But, my internet at home suddenly stopped working. I tried everything to fix it, but nothing worked. It was the worst timing. I was so worried about my work. I even missed a meeting! I called the internet company, but nobody could come until the next morning. So, I had to go to a café to work.

그때 전 유행병 때문에 재택근무를 하고 있었어요. 그래서, 파일을 보내고 줌 회의에 참석하기 위해서 인터넷이 정말 필요했죠. 하지만 우리 집 인터넷이 갑자기 작동을 멈췄어요. 그걸 고치려고 모든 걸 다 해봤지만, 아무것도 소용이 없었죠. 가장 최악의 타이밍이었어요. 제 일에 대해 정말 걱정됐어요. 심지어 회의 하나도 놓치고 말았죠! 인터넷 회사에 전화했지만, 다음날 아침까지 아무도 올 수 없었어요. 그래서, 일을 하러 카페에 가야만 했죠.

마무리

I always check internet connection before working.

저는 일하기 전에 항상 인터넷 연결을 확인해요.

고득점 어휘/표현

어휘/표현

fault 잘못   fix 고치다   frustrating 답답하게 하는   work from home 재택근무하다   pandemic 전세계적(전국적)인 유행병   send 보내다   attend ~에 참석하다   suddenly 갑자기, 급작스럽게   stop working 작동을 멈추다   work 도움이 되다, 효과가 있다   worst 최악의   timing 타이밍, 시기   worried about ~에 대해 걱정하는   miss ~을 놓치다   until ~까지

나만의 OPIc 답변 만들어 보기

• 내가 살고 있는 동네

• 집에서의 일과

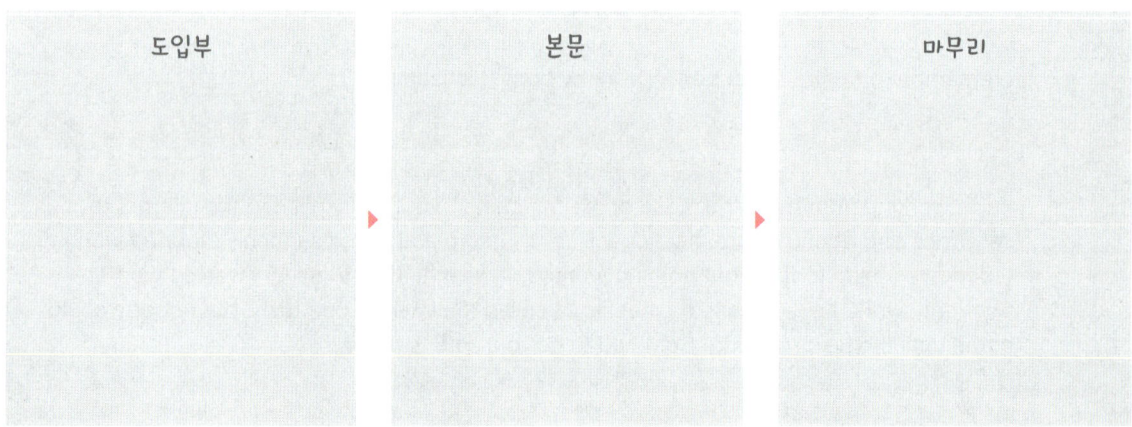

• 집에서 있었던 문제 경험

STEP 1 기출 포인트 파악하기

가장 많이 나오는 3 COMBO 세트

❶ 좋아하는 TV 프로그램/영화

I'd like to know about your favorite movie or TV show. What is the title? Why is this movie or show special to you? What do you find most appealing about it? Tell me about it in detail.

당신이 가장 좋아하는 영화나 TV 쇼에 대해 알고 싶습니다. 제목이 무엇인가요? 왜 이 영화나 TV 쇼가 특별한가요? 가장 매력적인 점이 무엇인가요? 그에 관해 자세히 말해주세요.

❷ 과거와 현재의 TV 프로그램/영화 취향 변화

Tell me about how your taste in TV shows or movies has changed over time. Do you still watch the same kinds of TV shows and movies? Why or why not? What kinds of TV shows and movies did you watch when you were younger? How about now? Let me know all the details.

시간이 지나면서 어떻게 TV 쇼나 영화에 대한 당신의 취향이 바뀌었는지에 대해 말해주세요. 여전히 같은 종류의 TV 쇼와 영화를 보나요? 이유는 무엇인가요? 어렸을 땐 어떤 종류의 TV쇼와 영화를 봤었나요? 지금은 어떤가요? 모든 것에 대해 자세히 알려주세요.

❸ 최근에 본 TV 프로그램/영화

I'd like to know about the most recent TV show or movie you've watched. What type of show or movie was it? When did you watch it? Did you like it? Tell me in as much detail as you can.

당신이 가장 최근에 본 TV 쇼나 영화에 대해 알고 싶습니다. 어떤 종류의 TV쇼나 영화였나요? 언제 봤나요? 마음에 들었나요? 가능한 한 자세히 말해주세요.

제시된 오늘의 어휘와 패턴을 익히고 답변에 사용하고자 하는 어휘나 패턴에 체크해보세요.

어휘

☐	전 세계적인	worldwide
☐	인기 작품, 히트	hit
☐	(예상 밖의) 전환, 전개	twist
☐	세트, 촬영장	set
☐	의상, 복장	costume
☐	정주행하다, 몰아보다	binge-watch
☐	액션이 많은, 흥미진진한	action-packed
☐	복잡한	complicated
☐	서스펜스, 지속적 긴장감	suspense
☐	취향	taste
☐	그래픽	graphic
☐	감동받은, 좋은 인상을 받은	impressed

패턴

• be interested in   ~에 관심이 있다

I'm also not interested in animations anymore.
또 더 이상 애니메이션에 관심이 있지도 않고요.
I _____ Disney movies.
저는 디즈니 영화에 관심이 있습니다.

• better than   ~보다 좋다, 낫다

The series was much better than I expected!
그 시리즈는 제가 기대한 것보다도 더 좋았어요!
This animation was _____ my expectation.
이 애니메이션은 제 기대보다 좋았어요.

• It's hard to   ~하는 것은 어렵다

It's hard to pick just one.
하나만 뽑기가 어렵네요.
_____ remember the movie titles.
영화 제목을 기억하는 것은 어렵네요.

나만의 문장 만들기

주어진 우리말을 보고 빈칸을 채우고 아래 모범 답안을 확인해보세요.

❶ 좋아하는 TV프로그램/영화 – 소개

좋은 TV쇼 많음	~가 있다 so many good TV shows.
하나만 뽑기 어려움	It's hard to 하나만 뽑다 .
오징어 게임이라는 TV쇼	My favorite is a TV show ~라고 불리는 Squid Game.

❷ 좋아하는 TV프로그램/영화 – 좋아하는 이유

사회에 대해 생각해 보게 만듦	It 만들었다 me think a lot about 우리 사회 .
세트장 독특함	The sets are 독특한 .
등장인물들의 복장이 기억에 남음	The characters' 복장들 are all 기억에 남는 .

❸ 과거와 현재의 TV 프로그램/영화 취향 변화 (1)

처음에 어떻게 관심 갖게 되었는지 기억 안 남	I don't remember 처음에 어떻게 ~에 관심을 갖게 되다 TV.
TV보는 것 정말 좋아함	I 정말 좋아했다 watching television.
애니메이션 보면서 많은 시간 보냄	I 많은 시간을 보냈다 watching animations.

❹ 과거와 현재의 TV 프로그램/영화 취향 변화 (2)

애니메이션에 더 이상 관심 없음	I'm also not interested in animations 더 이상 .
복잡한 스토리의 진지한 드라마 좋아함	I like 진지한 dramas with 복잡한 stories.
긴장감 넘치는 것도 좋아함	I like a lot of 긴장감 , too.

❺ 최근에 본 TV 프로그램/영화

로키라는 시리즈	내가 가장 최근에 본 TV쇼 was a series called Loki.
기대한 것 보다 훨씬 좋았음	The series was 훨씬 좋음 than I expected.
스토리가 엄청남	The story was 엄청난 .

모범답안

❶ There are / pick just one / called
❷ made / our society / unique / costumes / memorable
❸ how I first / got interested in / loved / spent a lot of time
❹ anymore / serious / complicated / suspense
❺ The last TV show I watched / much better / amazing

실전 문제 풀어보고 확인하기

실전 문제를 듣고 빈칸을 채우거나 소리내 말해보고 아래 모범 답안을 확인해보세요.

🔊 MP3 3_9

Q5 **좋아하는 TV 프로그램/영화**

I'd like to know about your favorite movie or TV show. What is the title? Why is this movie or show special to you? What do you find most appealing about it? Tell me about it in detail.

당신이 가장 좋아하는 영화나 TV 쇼에 대해 알고 싶습니다. 제목이 무엇인가요? 왜 이 영화나 TV 쇼가 특별한가요? 가장 매력적인 점이 무엇인가요? 그에 관해 자세히 말해주세요.

모범답변

도입부	본문	마무리
오징어 게임이라는 TV 쇼	• 세계적으로 인기를 끔 • 사회에 대해 생각해 보게 만듦 • 세트장 독특함, 등장인물들 복장 기억에 남음	생각이 많아지게 함

도입부

There are so many good TV Shows. It's hard to [뽑다] just one. But, I think my favorite [지금 당장] is a TV show [~라고 불리는] Squid Game.

좋은 TV쇼가 많아요. 하나만 뽑기가 어렵네요. 하지만 지금 당장 좋아하는 건 오징어 게임이라는 TV 쇼예요.

본문

Squid Game is a Korean show on Netflix. It became a [전 세계적인 히트작] . It's about [가난한] people. They play [어린이들의 놀이] to [~을 타다] a lot of money. But, there's a [반전] . If they lose, they die. It made me think a lot about our [사회] . That's why the show got so [인기 있는] . [게다가] , the [세트장들] are [독특한] , and the characters' [의상들] are all [기억할 만한] , [특히] the tracksuits. I think I [몰아봤다] every episode in one day.

오징어 게임은 넷플릭스에 있는 한국 TV쇼예요. 전 세계적으로 인기를 끌었죠. 큰 상금을 타기 위해 어린이들의 놀이를 하는 가난한 사람들에 대한 이야기예요. 하지만, 반전이 있죠. 만약 게임에서 지면, 그들은 죽게 돼요. 이 쇼는 우리 사회에 대해 많이 생각해보게 만들었어요. 그게 이 쇼가 인기가 많아진 이유겠죠. 게다가, 세트장도 독특하고, 등장인물들의 복장이 모두 기억에 남아요. 특히, 추리닝이요. 아마 모든 회차를 하루만에 몰아서 본 것 같아요.

마무리

It makes me think a lot.

그 쇼는 생각이 많아지게 해요.

모범 답안

pick / right now / called / worldwide hit / poor / children's games / win / twist / society / popular / In addition / sets / unique / costumes / memorable / especially / binge-watched

I'd like to know about your favorite movie or TV show. What is the title? Why is this movie or show special to you? What do you find most appealing about it? Tell me about it in detail.

당신이 가장 좋아하는 영화나 TV 쇼에 대해 알고 싶습니다. 제목이 무엇인가요? 왜 이 영화나 TV 쇼가 특별한가요? 가장 매력적인 점이 무엇인가요? 그에 관해 자세히 말해주세요.

모범답변   🔊 MP3 3_10

도입부	본문	마무리
a TV show called Squid Game	• became a worldwide hit • makes me think a lot about our society • sets are unique, characters' costumes are all memorable	makes me think a lot

도입부

There are so many good TV Shows. It's hard to pick just one. But, I think my favorite right now is a TV show called Squid Game.

좋은 TV쇼가 많아요. 하나만 뽑기가 어렵네요. 하지만 지금 당장 좋아하는 건 오징어 게임이라는 TV 쇼예요.

본문

Squid Game is a Korean show on Netflix. It became a worldwide hit. It's about poor people. They play children's games to win a lot of money. But, there's a twist. If they lose, they die. It made me think a lot about our society. That's why the show got so popular. In addition, the sets are unique, and the characters' costumes are all memorable, especially the tracksuits. I think I binge-watched every episode in one day.

오징어 게임은 넷플릭스에 있는 한국 TV쇼예요. 전 세계적으로 인기를 끌었죠. 큰 상금을 타기 위해 어린이들의 놀이를 하는 가난한 사람들에 대한 이야기예요. 하지만, 반전이 있죠. 만약 게임에서 지면, 그들은 죽게 돼요. 이 쇼는 우리 사회에 대해 많이 생각해보게 만들었어요. 그게 이 쇼가 인기가 많아진 이유겠죠. 게다가, 세트장도 독특하고, 등장인물들의 복장이 모두 기억에 남아요. 특히, 추리닝이요. 아마 모든 회차를 하루만에 몰아서 본 것 같아요.

마무리

It makes me think a lot.

그 쇼는 생각이 많아지게 해요.

고득점 어휘/표현

어휘/표현

favorite 가장 좋아하는   title 제목   appealing 매력적인, 마음을 끄는   pick 뽑다   called ~라고 불리는   worldwide 전 세계적인   hit 인기 작품, 히트   poor 가난한   children's game 아이들의 놀이   win (이겨서) ~을 타다   twist (예상 밖의) 전환, 전개   society 사회   popular 인기있는   set 세트, 촬영장   unique 독특한   costume 의상, 복장   memorable 기억할 만한, 인상깊은   especially 특히   tracksuit 운동복, 추리닝   binge-watch 정주행하다, 몰아보다

Q6 과거와 현재의 TV 프로그램/영화 취향 변화

Tell me about how your taste in TV shows or movies has changed over time. Do you still watch the same kinds of TV shows and movies? Why or why not? What kinds of TV shows and movies did you watch when you were younger? How about now? Let me know all the details.

시간이 지나면서 어떻게 TV 쇼나 영화에 대한 당신의 취향이 바뀌었는지에 대해 말해주세요. 여전히 같은 종류의 TV 쇼와 영화를 보나요? 이유는 무엇인가요? 어렸을 땐 어떤 종류의 TV쇼와 영화를 봤나요? 지금은 어떤가요? 모든 것에 대해 자세히 알려주세요.

모범답변

도입부	본문	마무리
애니메이션에서 드라마로 바뀜	• 애니메이션 보면서 많은 시간 보냄 • 애니메이션에 더 이상 관심 없음 • 복잡한 스토리의 진지한 드라마 좋아함	이게 다임

도입부

Well, my [취향] in TV shows [바뀌었다] from animations to dramas.

음, 제 TV쇼 취향은 애니메이션에서 드라마로 바뀌었어요.

본문

I remember I spent a lot of time watching [애니메이션들]. Some of them were funny, and others were [액션이 많은]. I liked all of them. I could spend all day Saturday watching TV. [물론], now I don't have much time for watching TV. I'm also not interested in animations [더 이상은]. Now, I like [진지한 드라마들] with [복잡한] stories. I like a lot of [긴장감], too. It's kind of exciting.

애니메이션을 보면서 많은 시간을 보냈던 게 기억나네요. 몇몇은 재미있었고, 다른 것들은 액션이 많았죠. 모두 다 좋아했어요. 토요일 하루 종일 TV를 보면서 보낼 수 있을 정도였죠. 물론, 지금은 TV를 볼 시간이 그만큼 많지 않아요. 또 더 이상 애니메이션에 관심이 있지도 않고요. 지금 저는 복잡한 스토리를 가진 진지한 드라마를 좋아해요. 긴장감이 넘치는 것도 좋아해요. 일종의 흥미진진한 거죠.

마무리

That's about it.

이게 다예요.

모범 답안

taste / changed / animations / action-packed / Of course / anymore / serious dramas / complicated / suspense

Tell me about how your taste in TV shows or movies has changed over time. Do you still watch the same kinds of TV shows and movies? Why or why not? What kinds of TV shows and movies did you watch when you were younger? How about now? Let me know all the details.

시간이 지나면서 어떻게 TV 쇼나 영화에 대한 당신의 취향이 바뀌었는지에 대해 말해주세요. 여전히 같은 종류의 TV 쇼와 영화를 보나요? 이유는 무엇인가요? 어렸을 땐 어떤 종류의 TV쇼와 영화를 봤었나요? 지금은 어떤가요? 모든 것에 대해 자세히 알려주세요.

모범답변

🔊 MP3 3_12

도입부	본문	마무리
changed from animations to dramas	• spent a lot of time watching animations • not interested in animations anymore • like serious dramas with complicated stories	That's about it.

도입부

Well, my taste in TV shows changed from animations to dramas.

음, 제 TV쇼 취향은 애니메이션에서 드라마로 바뀌었어요.

본문

I remember I spent a lot of time watching animations. Some of them were funny, and others were action-packed. I liked all of them. I could spend all day Saturday watching TV. Of course, now I don't have much time for watching TV. I'm also not interested in animations anymore. Now, I like serious dramas with complicated stories. I like a lot of suspense, too. It's kind of exciting.

애니메이션을 보면서 많은 시간을 보냈던 게 기억나네요. 몇몇은 재미있었고, 다른 것들은 액션이 많았죠. 모두 다 좋아했어요. 토요일 하루 종일 TV를 보면서 보낼 수 있을 정도였죠. 물론, 지금은 TV를 볼 시간이 그만큼 많지 않아요. 또 더 이상 애니메이션에 관심이 있지도 않고요. 지금 저는 복잡한 스토리를 가진 진지한 드라마를 좋아해요. 긴장감이 넘치는 것도 좋아해요. 일종의 흥미진진한 거죠.

마무리

That's about it.

이게 다예요.

고득점 어휘/표현

어휘/표현

taste 취향 animation 애니메이션 funny 웃기는, 재미있는 action-packed 액션이 많은, 흥미진진한 serious 진지한 complicated 복잡한 suspense 서스펜스, 지속적 긴장감

Q7 최근에 본 TV 프로그램/영화

I'd like to know about the most recent TV show or movie you've watched. What type of show or movie was it? When did you watch it? Did you like it? Tell me in as much detail as you can.

당신이 가장 최근에 본 TV 쇼나 영화에 대해 알고 싶습니다. 어떤 종류의 TV쇼나 영화였나요? 언제 봤나요? 마음에 들었나요? 가능한 한 자세히 말해주세요.

모범답변

도입부	본문	마무리
최근 본 TV 쇼는 로키임	• 새로운 스트리밍 서비스인 디즈니 플러스를 구독함 • 기대한 것보다 훨씬 좋았음 • 스토리도 엄청났고, 그래픽은 믿을 수 없을 정도였음	다시 보고싶음

도입부

The last TV show I watched was a [시리즈, 연속물] called Loki.

제가 가장 최근에 본 TV 쇼는 로키라는 시리즈였어요.

본문

I [최근에] got a new streaming service, Disney+. It has a lot of TV shows with Marvel characters. There are not many new movies because of the [유행병], so I was really [신이 난] to watch these shows. Loki was the [첫번째 것] because I love the character so much. And wow, the series was much better than I [기대했다]! The story was amazing, and I [믿을 수 없었다] the graphics. I was really [인상 깊은].

최근에 새로운 스트리밍 서비스인 디즈니 플러스를 구독했어요. 마블 캐릭터들이 나오는 TV 쇼들이 많이 있죠. 유행병 때문에 신작 영화가 별로 없었어서, 이 쇼들을 볼 생각에 정말 신났어요. 로키를 가장 처음 봤는데 제가 그 캐릭터를 정말 좋아해서 그 랬죠. 그리고 와, 그 시리즈는 제가 기대한 것보다도 더 좋았어요! 스토리도 엄청났고, 그래픽은 믿을 수 없을 정도였죠. 정말 인 상깊었죠.

마무리

I want to watch it again in a movie theater!

영화관에서 다시 보고 싶어요!

모범 답안

series / recently / pandemic / excited / first one / expected / couldn't believe / impressed

Q7 최근에 본 TV 프로그램/영화

I'd like to know about the most recent TV show or movie you've watched. What type of show or movie was it? When did you watch it? Did you like it? Tell me in as much detail as you can.

당신이 가장 최근에 본 TV 쇼나 영화에 대해 알고 싶습니다. 어떤 종류의 TV쇼나 영화였나요? 언제 봤나요? 마음에 들었나요? 가능한 한 자세히 말해주세요.

모범답변　　　　　　　　　　　　　　　　　　　　　　　　　　　　　　MP3 3_14

도입부	본문	마무리
a series called Loki	• got a new streaming service, Disney+ • the series was much better than I expected • the story was amazing, couldn't believe the graphics	want to watch it again

도입부

The last TV show I watched was a series called Loki.

제가 가장 최근에 본 TV 쇼는 로키라는 시리즈였어요.

본문

I recently got a new streaming service, Disney+. It has a lot of TV shows with Marvel characters. There are not many new movies because of the pandemic, so I was really excited to watch these shows. Loki was the first one because I love the character so much. And wow, the series was much better than I expected! The story was amazing, and I couldn't believe the graphics. I was really impressed.

최근에 새로운 스트리밍 서비스인 디즈니 플러스를 구독했어요. 마블 캐릭터들이 나오는 TV 쇼들이 많이 있죠. 유행병 때문에 신작 영화가 별로 없었어서, 이 쇼들을 볼 생각에 정말 신났어요. 로키를 가장 처음 봤는데 제가 그 캐릭터를 정말 좋아해서 그랬죠. 그리고 와, 그 시리즈는 제가 기대한 것보다도 더 좋았어요! 스토리도 엄청났고, 그래픽은 믿을 수 없을 정도였죠. 정말 인상깊었죠.

마무리

I want to watch it again in a movie theater!

영화관에서 다시 보고 싶어요!

고득점 어휘/표현

어휘/표현

series 시리즈, 연속물, 연속 프로　called ~라고 불리는　recently 최근에　streaming service 스트리밍 서비스　pandemic 전세계적(전국적)인 유행병　excited 신이 난, 들뜬　expect 기대하다, 예상하다　graphic 그래픽　impressed 감동받은, 좋은 인상을 받은

• 좋아하는 TV 프로그램/영화

• 과거와 현재의 TV 프로그램/영화 취향 변화

• 최근에 본 TV 프로그램/영화

STEP 1 기출 포인트 파악하기

가장 많이 나오는 3 COMBO 세트

❶ 우리나라의 지형

I'd like to know about the geography of your country. What are the main features? Are there mountains, lakes, or beaches? Tell me about the geography and landscape in detail.

당신의 나라의 지형에 대해 알고 싶습니다. 주된 특징들은 무엇이 있나요? 산, 호수, 혹은 해변이 있나요? 지형과 풍경에 대해 자세히 말해주세요.

❷ 지형과 관련된 활동

Tell me about the kinds of activities people in your country usually do for entertainment. I'd like to know about the activities people do in as much detail as possible.

당신의 나라 사람들이 기분 전환을 위해 평소에 하는 활동의 종류에 대해 말해주세요. 가능한 한 자세히 알고 싶습니다.

❸ 지형 관련 기억에 남는 경험

Tell me about a memorable experience you had as a child. It could be a special event with family or friends, or a surprising encounter you had with someone. Describe it in as much detail as possible.

어렸을 때 있었던 기억에 남는 경험에 대해 말해주세요. 가족들이나 친구들과 함께한 특별한 행사이거나 누군가와 우연히 마주친 일일 수도 있죠. 가능한 한 자세히 설명해주세요.

제시된 오늘의 어휘와 패턴을 익히고 답변에 사용하고자 하는 어휘나 패턴에 체크해보세요.

어휘

☐	풍경	landscape
☐	반도, 반도의	peninsula
☐	~을 둘러싸다	surround
☐	본토, 대륙	mainland
☐	산이 많은, 산지의	mountainous
☐	지리, 지형	geography
☐	펜션	pension
☐	계절의, 계절마다 다른	seasonal
☐	창가 좌석	window seat
☐	관광지	tourist spot
☐	어린 시절	childhood
☐	기억, 추억	memory

패턴

• at the same time,　동시에,

At the same time, Korea is very mountainous.
동시에, 한국은 산이 많아요.

_____, there are many parks in Korea.
동시에, 한국에는 공원이 많아요.

• There's no doubt that　~라는 것에 의심의 여지가 없다

There's no doubt that Korea is a beautiful country.
한국이 아름다운 나라라는 건 의심의 여지가 없죠.

_____ Korea has wonderful four seasons.
한국에 아름다운 사계절이 있다는 것에 의심의 여지가 없습니다.

• had a great time　좋은 시간을 보냈다

We had a great time together on the island.
우린 그곳에서 함께 즐거운 시간을 보냈어요.

Last summer vacation, I _____ with my family.
지난 여름 휴가 때, 가족들과 좋은 시간을 보냈어요.

주어진 우리말을 보고 빈칸을 채우고 아래 모범 답안을 확인해보세요.

❶ 우리나라의 지형

독특하고 아름다운 풍경	Korea has a [독특한] and [아름다운] landscape.
반도, 바다로 둘러싸여 있음	It's a [반도], so the country [둘러 싸여 있다] by the ocean.
동시에, 산이 많음	At the same time, Korea is very [산이 많은].

❷ 지형과 관련된 활동 (1)

지방 여행 가는 것 좋아함	People like to travel to [지방].
등산은 항상 인기 있는 활동	[등산] is always a popular activity.
펜션 빌리기도 함	People also like to [펜션을 빌리다] in the countryside.

❸ 지형과 관련된 활동 (2)

계절 스포츠 인기 더 많아짐	[계절 스포츠] become more popular.
겨울에 산으로 스키, 스노보드	People [산으로 가다] to ski and snowboard in the winter.
여름엔 서핑	In the summer, [서핑] is popular.

❹ 지형 관련 기억에 남는 경험 – 소개

제주도로 처음 가족 여행	I remember [처음] my family [여행을 갔다] to Jeju.
공항에서 신남	I [정말 신났다] at the airport.
많은 것들 함	We did so [많은 일들].

❺ 지형 관련 기억에 남는 경험

해변 리조트에 묵음	We [~에 묵었다] a resort on the beach.
수영장, 바다에 매일 수영하러 감	I [수영을 갔다] every day, in the pool and in the ocean.
모든 인기 있는 여행지에 감	We went to all [인기있는 여행지].

모범답안

❶ unique / beautiful / peninsula / is surrounded / mountainous
❷ the countryside / Hiking / rent pensions
❸ Seasonal sports / go to the mountains / surfing
❹ the first time / took a trip / was so excited / many things
❺ stayed at / went swimming / the popular tourist spots

실전 문제를 듣고 빈칸을 채우거나 소리내 말해보고 아래 모범 답안을 확인해보세요.

🔊 MP3 3_15

Q8 우리나라의 지형

I'd like to know about the geography of your country. What are the main features? Are there mountains, lakes, or beaches? Tell me about the geography and landscape in detail.

당신의 나라의 지형에 대해 알고 싶습니다. 주된 특징들은 무엇이 있나요? 산, 호수, 혹은 해변이 있나요? 지형과 풍경에 대해 자세히 말해 주세요.

모범답변

도입부	본문	마무리
독특하고 아름다운 풍경을 갖고 있음	• 반도, 바다로 둘러싸여 있음 • 산이 많음 • 멋진 해변들이 있음	그게 말할 수 있는 전부임

도입부

Korea has a ⟨독특한⟩ and beautiful ⟨풍경⟩.

한국은 독특하고 아름다운 풍경을 갖고 있어요.

본문

It's a ⟨반도⟩, so the country is ⟨둘러싸인⟩ by the ocean. There are a lot of beaches, and many ⟨섬들⟩ surround the ⟨본토⟩. ⟨동시에⟩, Korea is very ⟨산이 많은⟩. There are many mountains for ⟨등산⟩, and there are always nice beaches to go to for ⟨여름 휴가⟩. There's no doubt that Korea is a beautiful country.

반도이기 때문에, 바다로 둘러싸여 있죠. 해변이 많고, 많은 섬들이 본토를 감싸고 있어요. 동시에, 한국은 산이 많아요. 등산을 갈 만한 산들이 많고, 언제나 여름 휴가를 위해 갈 만한 멋진 해변들이 있어요. 한국이 아름다운 나라라는 건 의심의 여지가 없 죠.

마무리

That's all I can say about Korea's ⟨지형⟩.

그게 한국의 지형에 대해 말할 수 있는 전부예요.

모범 답안

unique / landscape / peninsula / surrounded / islands / mainland / At the same time / mountainous / hiking / summer vacations / geography

I'd like to know about the geography of your country. What are the main features? Are there mountains, lakes, or beaches? Tell me about the geography and landscape in detail.

당신의 나라의 지형에 대해 알고 싶습니다. 주된 특징들은 무엇이 있나요? 산, 호수, 혹은 해변이 있나요? 지형과 풍경에 대해 자세히 말해 주세요.

모범답변   🔊 MP3 3_16

도입부	본문	마무리
has a unique and beautiful landscape	• a peninsula, surrounded by the ocean • very mountainous • nice beaches	that's all I can say

도입부

Korea has a unique and beautiful landscape.

한국은 독특하고 아름다운 풍경을 갖고 있어요.

본문

It's a peninsula, so the country is surrounded by the ocean. There are a lot of beaches, and many islands surround the mainland. At the same time, Korea is very mountainous. There are many mountains for hiking, and there are always nice beaches to go to for summer vacations. There's no doubt that Korea is a beautiful country.

반도이기 때문에, 바다로 둘러싸여 있죠. 해변이 많고, 많은 섬들이 본토를 감싸고 있어요. 동시에, 한국은 산이 많아요. 등산을 갈 만한 산들이 많고, 언제나 여름 휴가를 위해 갈 만한 멋진 해변들이 있어요. 한국이 아름다운 나라라는 건 의심의 여지가 없죠.

마무리

That's all I can say about Korea's geography.

그게 한국의 지형에 대해 말할 수 있는 전부예요.

고득점 어휘/표현

어휘/표현

geography 지리, 지형   main feature 주요한 특징   lake 호수   beach 해변, 물가   unique 독특한   landscape 풍경   peninsula 반도, 반도의   surround ~을 둘러싸다   mainland 본토, 대륙   mountainous 산이 많은, 산지의   hiking 등산, 하이킹   no doubt that 분명 ~할 것이다, ~라는 것에는 의심의 여지가 없다

Q9 지형과 관련된 활동

Tell me about the kinds of activities people in your country usually do for entertainment. I'd like to know about the activities people do in as much detail as possible.

당신의 나라 사람들이 기분 전환을 위해 평소에 하는 활동의 종류에 대해 말해주세요. 가능한 한 자세히 알고 싶습니다.

모범답변

도입부	본문	마무리
인기있는 활동이 많음	• 지방으로 여행가는 것 좋아함 • 등산은 항상 인기있는 활동임 • 겨울: 스키, 스노우보드 • 여름: 서핑이 인기 있음	이것들이 사람들이 좋아하는 것임

도입부

There are a lot of 〔인기있는 활동들〕 people like to do in Korea.

한국에는 사람들이 하고 싶어하는 인기있는 활동이 많아요.

본문

I'm from Seoul, and many people live here. A lot of people like to travel to the countryside because Seoul is so 〔북적이는〕. 〔등산〕 is always a popular activity. People also like to 〔빌리다〕 pensions in the countryside. 〔요즘에는〕, some 〔계절의〕 sports are more popular. People go to the mountains to 〔스키를 타다〕 and 〔스노보드를 타다〕 in the winter. Then, in the summer, 〔서핑〕 is popular. Young people 〔특히〕 like going to the beach to 〔배우다〕 to do it.

전 서울 출신이고, 많은 사람들이 이곳에 살아요. 많은 사람들이 지방으로 여행가기를 원해요. 왜냐하면 서울은 정말 북적이기 때문이죠. 등산은 항상 인기가 많은 활동이에요. 또 사람들은 지방에 있는 펜션을 빌리기도 해요. 요즘, 몇몇 계절 스포츠는 더 많은 인기가 있어요. 사람들은 겨울엔 스키와 스노우보드를 타기 위해서 산으로 가죠. 게다가, 여름에는, 서핑이 인기가 많아요. 특히 젊은 사람들은 그걸 배우려고 해변에 가는 걸 좋아해요.

마무리

These are what people like to do.

이것들이 사람들이 하기 좋아하는 것이에요.

모범 답안

popular activities / crowded / Hiking / rent / Nowadays / seasonal / ski / snowboard / surfing / especially / learn

Tell me about the kinds of activities people in your country usually do for entertainment. I'd like to know about the activities people do in as much detail as possible.

당신의 나라 사람들이 기분 전환을 위해 평소에 하는 활동의 종류에 대해 말해주세요. 가능한 한 자세히 알고 싶습니다.

모범답변　　　　　　　　　　　　　　　　　　　　　　　🔊 MP3 3_18

도입부	본문	마무리
a lot of popular activities	• like to travel to the countryside • Hiking is always a popular activity. • to ski and snowboard in the winter • in the summer, surfing is popular	these are what people like

도입부

There are a lot of popular activities people like to do in Korea.

한국에는 사람들이 하고 싶어하는 인기있는 활동이 많아요.

본문

I'm from Seoul, and many people live here. A lot of people like to travel to the countryside because Seoul is so crowded. Hiking is always a popular activity. People also like to rent pensions in the countryside. Nowadays, some seasonal sports are more popular. People go to the mountains to ski and snowboard in the winter. Then, in the summer, surfing is popular. Young people especially like going to the beach to learn to do it.

전 서울 출신이고, 많은 사람들이 이곳에 살아요. 많은 사람들이 지방으로 여행가기를 원해요. 왜냐하면 서울은 정말 북적이기 때문이죠. 등산은 항상 인기가 많은 활동이에요. 또 사람들은 지방에 있는 펜션을 빌리기도 해요. 요즘, 몇몇 계절 스포츠는 더 많은 인기가 있어요. 사람들은 겨울엔 스키와 스노우보드를 타기 위해서 산으로 가죠. 게다가, 여름에는, 서핑이 인기가 많아요. 특히 젊은 사람들은 그걸 배우려고 해변에 가는 걸 좋아해요.

마무리

These are what people like to do.

이것들이 사람들이 하기 좋아하는 것이에요.

고득점 어휘/표현

어휘/표현

activity 활동　usually 보통, 대개　entertainment 오락, 기분 전환　popular 인기있는　crowded 붐비는　countryside 지방, 시골
hiking 등산　rent 빌리다　pension 펜션　nowadays 요즘에는　seasonal 계절의, 계절마다 다른　ski 스키를 타다　snowboard 스노보드, 스노보드를 타다　surfing 서핑　especially 특히

Q10 지형 관련 기억에 남는 경험

Tell me about a memorable experience you had as a child. It could be a special event with family or friends, or a surprising encounter you had with someone. Describe it in as much detail as possible.

어렸을 때 있었던 기억에 남는 경험에 대해 말해주세요. 가족들이나 친구들과 함께한 특별한 행사이거나 누군가와 우연히 마주친 일일 수도 있죠. 가능한 한 자세히 설명해주세요.

모범답변

도입부	본문	마무리
가족이 처음 제주도 여행 감	• 비행기를 타는 게 처음이었음 • 해변에 있는 리조트에 머무름 • 한라산과 우도 같은 인기 있는 모든 여행지에 감	좋아하는 어린 시절의 추억 중 하나임

도입부

I [기억하다] the first time my family took a trip to Jeju. We [좋은 시간을 보냈다] together on the island.

우리 가족이 처음 제주도에 여행을 갔던 때가 기억나요. 우린 그곳에서 함께 좋은 시간을 보냈어요.

본문

First, it was my first time on a plane. I was so excited at the [공항]. My mom let me have the [창가 자리]. I think I [내다봤다] the window during the [전체의] flight. Then, on Jeju, we did so many things. We [머물렀다] at a resort on the beach, and I [수영하러 갔다] every day, in the pool and in the ocean. It was so much fun. [마지막으로], we went to all the popular [관광지], like Halla-san and Udo Island, and we ate a lot of great food. I think it was when I first [~하기 시작하다] love seafood.

우선, 비행기를 타는 게 처음이었어요. 공항에서 엄청 신이 났었어요. 엄마는 제가 창가쪽에 앉을 수 있게 해주셨죠. 비행기를 타고 가는 내내 창 밖을 내다봤던 것 같아요. 그리고, 제주도에서, 우린 정말 많은 것을 했어요. 해변에 있는 리조트에 머물렀는데, 전 매일 수영장과 바다에 수영하러 갔죠. 정말 재미있었어요. 마지막으로, 우린 한라산과 우도 같은 인기 있는 모든 여행지에 갔고, 맛있는 음식들을 많이 먹었어요. 그때 제가 처음으로 해산물을 좋아하게 된 것 같아요.

마무리

My family's trip to Jeju is one of my favorite [어린 시절의 추억].

우리 가족의 제주 여행은 좋아하는 어린 시절의 추억 중 하나예요.

모범 답안

remember / had a great time / airport / window seat / looked out / whole / stayed / went swimming / Last / tourist spots / started to / childhood memories

Tell me about a memorable experience you had as a child. It could be a special event with family or friends, or a surprising encounter you had with someone. Describe it in as much detail as possible.

어렸을 때 있었던 기억에 남는 경험에 대해 말해주세요. 가족들이나 친구들과 함께한 특별한 행사이거나 누군가와 우연히 마주친 일일 수도 있죠. 가능한 한 자세히 설명해주세요.

모범답변

🔊 MP3 3_20

도입부	본문	마무리
the first time my family took a trip to Jeju	• my first time on a plane • stayed at a resort on the beach • all the popular tourist spots, like Halla-san and Udo Island	one of my favorite childhood memories

도입부

I remember the first time my family took a trip to Jeju. We had a great time together on the island.

우리 가족이 처음 제주도에 여행을 갔던 때가 기억나요. 우린 그곳에서 함께 좋은 시간을 보냈어요.

본문

First, it was my first time on a plane. I was so excited at the airport. My mom let me have the window seat. I think I looked out the window during the whole flight. Then, on Jeju, we did so many things. We stayed at a resort on the beach, and I went swimming every day, in the pool and in the ocean. It was so much fun. Last, we went to all the popular tourist spots, like Halla-san and Udo Island, and we ate a lot of great food. I think it was when I first started to love seafood.

우선, 비행기를 타는 게 처음이었어요. 공항에서 엄청 신이 났었어요. 엄마는 제가 창가쪽에 앉을 수 있게 해주셨죠. 비행기를 타고 가는 내내 창 밖을 내다봤던 것 같아요. 그리고, 제주도에서, 우린 정말 많은 것을 했어요. 해변에 있는 리조트에 머물렀는데, 전 매일 수영장과 바다에 수영하러 갔죠. 정말 재미있었어요. 마지막으로, 우린 한라산과 우도 같은 인기 있는 모든 여행지에 갔고, 맛있는 음식들을 많이 먹었어요. 그때 제가 처음으로 해산물을 좋아하게 된 것 같아요.

마무리

My family's trip to Jeju is one of my favorite childhood memories.

우리 가족의 제주 여행은 좋아하는 어린 시절의 추억 중 하나예요.

고득점 어휘/표현

어휘/표현

memorable 기억할 만한, 인상적인　experience 경험　event 사건, 행사　encounter 만나다, 마주침　describe 설명하다, 묘사하다
take a trip 여행을 가다　have a great time 즐거운 시간을 보내다　on a plane 비행기를 탄　excited 신난, 들뜬　airport 공항　window
seat 창가 좌석　look out ~을 내다보다　whole 전체의, 모두　stay at ~에 머무르다, 숙박하다　pool 수영장　popular 인기있는　tourist
spot 관광지　start to ~하기 시작하다　seafood 해산물　childhood 어린 시절

• 우리나라의 지형

• 지형과 관련된 활동

• 지형 관련 기억에 남는 경험

STEP 1 기출 포인트 파악하기

가장 많이 나오는 3 COMBO 세트

❶ 친구에게 영화 관련 질문

I'd like to give you a situation to act out. One of your friends has told you about a new movie that sounds interesting. Ask your friend three to four questions about the movie.

주어진 상황에 맞춰 상황극을 해주세요. 당신의 친구 중 한 명이 흥미로운 신작 영화에 대해 얘기했습니다. 친구에게 영화에 대해 서너 가지 질문을 해주세요.

❷ 영화 관람 중 지루한 상황 문제 해결

I'm sorry, but there's a problem I need you to resolve. You and your friend are in the middle of watching the movie at the theater. However, you want to leave because it is so boring. Explain the whole situation to your friend and suggest two to three alternatives.

유감스럽게도, 당신이 해결해야 할 문제가 있습니다. 당신과 친구는 극장에서 한창 영화를 보는 중입니다. 하지만, 너무 지루해서 나가고 싶습니다. 친구에게 모든 상황을 설명하고 두 세가지 대안을 제시하세요.

❸ 지루한 영화를 본 경험

That's the end of the situation. Have you ever been in a similar situation? Have you wanted to leave the theater because the movie was so boring? If so, tell me about it. What did you do? Did you decide to stay, or did you go? How did you feel? Tell me as much as you can.

상황극이 끝났습니다. 비슷한 상황을 겪어본 적이 있나요? 영화가 너무 지루해서 극장을 나가고 싶었던 적이 있나요? 만약 그렇다면, 그에 대해 말해주세요. 무엇을 했나요? 남아있기로 결정했나요, 아니면 떠났나요? 기분은 어땠나요? 가능한 한 많이 말해주세요.

오픽 꿀팁 추가 빈출 문제

영화관에서 잘못 예매한 표 문제 설명하고 대안 제시하기
I'm sorry but there is a problem I need you to resolve. You have purchased wrong tickets from the movie theater. Go to the box office and talk to the person about your situation and provide two to three suggestions to solve the problem.
유감스럽게도, 당신이 해결해야 할 문제가 있습니다. 당신은 영화관에서 잘못된 표를 예매했습니다. 매표소에 가서 담당자에게 당신의 상황을 설명하고 두 세가지 대안을 제시해주세요.

어휘와 패턴 익히기

제시된 오늘의 어휘와 패턴을 익히고 답변에 사용하고자 하는 어휘나 패턴에 체크해보세요.

어휘

☐	공포 영화	horror movie
☐	악몽, 아주 끔찍한 일	nightmare
☐	~에서 주연을 맡다	star in ~
☐	까다로운	picky
☐	개봉하다, 출간되다	come out
☐	참다, 견디다	take
☐	지루한	boring
☐	낭비하다	waste
☐	같은 생각이다, 공감하다	feel the same way
☐	~을 다 보다	finish
☐	개봉, 개막 첫날 밤	opening night
☐	뭐가 뭔지 알 수 없는, 이해할 수 없는	lost
☐	실망한	disappointed

패턴

• It would be   ~할 것이다

It would be a lot of fun to go together.
같이 가면 엄청 재미있을 거야.

_____ good if we go to the movies together.
같이 영화 보러 가면 좋을 거야.

• in the middle of   ~의 도중에, 중간 무렵에

I know we're in the middle of the movie, but can I talk to you for a second?
우리 한창 영화보고 있긴 한데, 잠깐 얘기 좀 할 수 있을까?

I don't want to have a chat with my friends when I'm _____ the movie.
영화 중간에 친구와 얘기하는 것을 안 좋아해요.

• be excited to   ~ 하게 되어 신나다

I was excited to see Tenet.
테넷을 보게 돼서 정말 신났었어요.

I _____ to talk about that movie with my friend.
그 영화에 대해 친구와 이야기하게 되어 신났었어요.

주어진 우리말을 보고 빈칸을 채우고 아래 모범 답안을 확인해보세요.

❶ 친구에게 영화 관련 질문

어떤 종류 영화야?	[어떤 종류의] movie is it?
유명한 배우 나와?	Do any famous actors [주연을 맡다] in it?
영화가 이번 주말에 나와?	Is the movie [나오다] this weekend?

❷ 영화 관람 중 지루한 상황 문제 해결 – 상황 설명

잠깐 얘기 좀 할 수 있을까?	Can I talk to you [잠깐]?
여기서 정말 나가고 싶어	I really want to [여기서 나가다].
재미가 하나도 없어	There's [하나도 재미없는] about it at all.

❸ 영화 관람 중 지루한 상황 문제 해결 – 대안 제시

다른 거 하자	[우리 ~하자] do something else.
백화점에서 쇼핑하자	We can [쇼핑하러 가다] around [백화점].
식당 가자	We could [식당에 가다].

❹ 지루한 영화를 본 경험 (1)

테넷	[그 영화는 ~이었다] Tenet.
크리스토퍼 놀란 감독	It [~에 의해 감독되었다] Christopher Nolan.
영화가 시작했을 때는 괜찮아 보임	The movie started, and it [괜찮아 보였다].

❺ 지루한 영화를 본 경험 (2)

무슨 일인지 알 수 없었음	I [전혀 몰랐다] what was happening.
혼란스러움	The story was so [혼란스러운].
대사를 들을 수 없었음	I couldn't hear any of [대사].

모범 답안

❶ What kind of / star / coming out
❷ for a second / get out of here / nothing fun
❸ Let's / go shopping / the department store / go to a restaurant
❹ The movie was / was directed by / seemed OK
❺ had no idea / confusing / the dialogue

실전 문제를 듣고 빈칸을 채우거나 소리내 말해보고 아래 모범 답안을 확인해보세요.

🔊 MP3 3_21

Q11 친구에게 영화 관련 질문

I'd like to give you a situation to act out. One of your friends has told you about a new movie that sounds interesting. Ask your friend three to four questions about the movie.

주어진 상황에 맞춰 상황극을 해주세요. 당신의 친구 중 한 명이 흥미로운 신작 영화에 대해 얘기했습니다. 친구에게 영화에 대해 서너 가지 질문을 해주세요.

모범답변

도입부	본문	마무리
질문 몇 가지 더 해도 될까?	• 어떤 종류의 영화야? • 유명한 배우 나와? • 영화가 이번 주말에 나와?	고마워

도입부

Hi, Sol. It's Eunhye. You 언급했다 a new movie and it sounds really 흥미로운 . Can I 물어보다 you a few questions about it? Great, thanks a lot!

안녕, 솔아. 나 은혜야. 네가 신작 영화에 대해서 말했었잖아. 그거 진짜 재미있을 것 같더라고. 그거에 대해서 질문 몇 개 물어봐도 될까? 잘됐다, 진짜 고마워!

본문

우선 , what kind of movie is it? You know me. I like 모든 종류들 of movies. But, I can't watch horror movies. They give me 악몽들 . So, if it's 너무 무서운 , I don't think I can watch it. Second, do any 유명한 actors 주연을 하다 in it? I think I'm ~에 대해 까다로운 that. Last, is the movie coming out this weekend? I don't have 아무 계획도 on Saturday. It would be a lot of fun to go together.

우선, 어떤 종류의 영화야? 나 알잖아. 어떤 종류든지 다 좋아하는 거. 그래도, 공포 영화는 못 봐. 보면 악몽 꾸거든. 그래서, 만약에 너무 무서우면, 그 영화 못 볼 것 같아. 두번째로, 유명한 배우가 주연으로 나와? 그런 거에 대해선 내가 까다로운 것 같아. 마지막으로, 이번 주말에 개봉할까? 난 토요일에 별다른 계획은 없어. 같이 가면 엄청 재미있을 거야.

마무리

Thanks! Bye!

고마워! 안녕!

모범 답안

mentioned / interesting / ask / First of all / all types / nightmares / too scary / famous / star / picky about / any plans

Q11 친구에게 영화 관련 질문

I'd like to give you a situation to act out. One of your friends has told you about a new movie that sounds interesting. Ask your friend three to four questions about the movie.

주어진 상황에 맞춰 상황극을 해주세요. 당신의 친구 중 한 명이 흥미로운 신작 영화에 대해 얘기했습니다. 친구에게 영화에 대해 서너 가지 질문을 해주세요.

모범답변　　　　　　　　　　　　　　　　　　　　　🔊 MP3 3_22

도입부	본문	마무리
Can I ask you a few questions?	• What kind of movie is it? • Do any famous actors star in it? • Is the movie coming out this weekend?	Thanks.

도입부

Hi, Sol. It's Eunhye. You mentioned a new movie and it sounds really interesting. Can I ask you a few questions about it? Great, thanks a lot!

안녕, 솔아. 나 은혜야. 네가 신작 영화에 대해서 말했었잖아. 그거 진짜 재미있을 것 같더라고. 그거에 대해서 질문 몇 개 물어봐도 될까? 잘됐다, 진짜 고마워!

본문

First of all, what kind of movie is it? You know me. I like all types of movies. But, I can't watch horror movies. They give me nightmares. So, if it's too scary, I don't think I can watch it. Second, do any famous actors star in it? I think I'm picky about that. Last, is the movie coming out this weekend? I don't have any plans on Saturday. It would be a lot of fun to go together.

우선, 어떤 종류의 영화야? 나 알잖아. 어떤 종류든지 다 좋아하는 거. 그래도, 공포 영화는 못 봐. 보면 악몽 꾸거든. 그래서, 만약에 너무 무서우면, 그 영화 못 볼 것 같아. 두번째로, 유명한 배우가 주연으로 나와? 그런 거에 대해선 내가 까다로운 것 같아. 마지막으로, 이번 주말에 개봉할까? 난 토요일에 별다른 계획은 없어. 같이 가면 엄청 재미있을 거야.

마무리

Thanks! Bye!

고마워! 안녕!

고득점 어휘/표현

어휘/표현

act out 실제로 연기하다　mention ~을 말하다, 언급하다　a few 약간의, 여러　first of all 우선, 무엇보다도 먼저　type 종류　give ~ nightmare ~가 악몽을 꾸게 하다　scary 무서운, 두려운　famous 유명한　star in ~에서 주연을 맡다　picky 까다로운　don't have any plans 아무 계획이 없다

Q12 영화 관람 중 지루한 상황 문제 해결

I'm sorry, but there's a problem I need you to resolve. You and your friend are in the middle of watching the movie at the theater. However, you want to leave because it is so boring. Explain the whole situation to your friend and suggest two to three alternatives.

유감스럽게도, 당신이 해결해야 할 문제가 있습니다. 당신과 친구는 극장에서 한창 영화를 보는 중입니다. 하지만, 너무 지루해서 나가고 싶습니다. 친구에게 모든 상황을 설명하고 두 세가지 대안을 제시하세요.

모범답변

도입부	본문	마무리
잠깐 얘기 좀 할 수 있을까?	• 진짜로 여기서 나가고 싶음 • 재미가 하나도 없음 • 백화점 여기 저기 갈 수 있음 • 식당에 갈 수도 있음	어떻게 생각해?

도입부

Hey, I know we're `~의 도중에` the movie, but can I talk to you for a second? I can't wait.

저기, 우리 한창 영화보고 있긴 한데, 잠깐 얘기 좀 할 수 있을까? 지금 말해야 될 것 같아.

본문

Sorry, but I can't take much more. This movie is so `지루한` . I really want to `~에서 나가다` here. There's nothing fun about it at all. I think we're `우리의 시간을 낭비하고 있다` . So, if you feel the same way, let's do something else. It's `아직 이른` , so we can go shopping around the `백화점` . There are a lot of great stores here. I mean, anything is `~보다 나은` this. Or, we could go to a restaurant. We had some popcorn, but I'm still hungry.

미안, 그렇지만 더 이상 못 참겠어. 이 영화는 너무 지루해. 진짜로 여기서 나가고 싶어. 재미가 하나도 없어. 우리가 시간 낭비하고 있는 것 같아. 그래서, 만약 너도 똑같은 생각이면, 우리 다른 거 하자. 아직 이른 시간이니까, 백화점 여기저기 쇼핑하러 갈 수도 있어. 여기에 좋은 상점들이 많이 있거든. 내 말은, 뭐든지 이것보단 나을 거야. 아니면, 식당에 갈 수도 있고. 우리가 팝콘을 좀 먹긴 했지만, 나 아직 배고파.

마무리

What do you think?

어떻게 생각해?

모범 답안

in the middle of / boring / get out of / wasting our time / still early / department store / better than

Q12 영화 관람 중 지루한 상황 문제 해결

I'm sorry, but there's a problem I need you to resolve. You and your friend are in the middle of watching the movie at the theater. However, you want to leave because it is so boring. Explain the whole situation to your friend and suggest two to three alternatives.

유감스럽게도, 당신이 해결해야 할 문제가 있습니다. 당신과 친구는 극장에서 한창 영화를 보는 중입니다. 하지만, 너무 지루해서 나가고 싶습니다. 친구에게 모든 상황을 설명하고 두 세가지 대안을 제시하세요.

모범답변

MP3 3_24

도입부	본문	마무리
Can I talk to you for a second?	• really want to get out of here • nothing fun about it at all • can go shopping around the department store • could go to a restaurant	What do you think?

도입부

Hey, I know we're in the middle of the movie, but can I talk to you for a second? I can't wait.

저기, 우리 한창 영화보고 있긴 한데, 잠깐 얘기 좀 할 수 있을까? 지금 말해야 될 것 같아.

본문

Sorry, but I can't take much more. This movie is so boring. I really want to get out of here. There's nothing fun about it at all. I think we're wasting our time. So, if you feel the same way, let's do something else. It's still early, so we can go shopping around the department store. There are a lot of great stores here. I mean, anything is better than this. Or, we could go to a restaurant. We had some popcorn, but I'm still hungry.

미안, 그렇지만 더 이상 못 참겠어. 이 영화는 너무 지루해. 진짜로 여기서 나가고 싶어. 재미가 하나도 없어. 우리가 시간 낭비하고 있는 것 같아. 그래서, 만약 너도 똑같은 생각이면, 우리 다른 거 하자. 아직 이른 시간이니까, 백화점 여기저기 쇼핑하러 갈 수도 있어. 여기에 좋은 상점들이 많이 있거든. 내 말은, 뭐든지 이것보단 나을 거야. 아니면, 식당에 갈 수도 있고. 우리가 팝콘을 좀 먹긴 했지만, 나 아직 배고파.

마무리

What do you think?

어떻게 생각해?

고득점 어휘/표현

어휘/표현

resolve 해결하다   however 그러나   boring 지루한   leave 떠나다   explain 설명하다   whole 전체의, 모두   suggest ~을 제안하다   alternative 대안   in the middle of ~의 도중에, 중간 무렵에   take 참다, 견디다   get out of ~에서 나가다   waste 낭비하다   feel the same way 같은 생각이다, 공감하다   early 이른   department store 백화점   store 상점, 가게

Q13 지루한 영화를 본 경험

That's the end of the situation. Have you ever been in a similar situation? Have you wanted to leave the theater because the movie was so boring? If so, tell me about it. What did you do? Did you decide to stay, or did you go? How did you feel? Tell me as much as you can.

상황극이 끝났습니다. 비슷한 상황을 겪어본 적이 있나요? 영화가 너무 지루해서 극장을 나가고 싶었던 적이 있나요? 만약 그렇다면, 그에 대해 말해주세요. 무엇을 했나요? 남아있기로 결정했나요, 아니면 떠났나요? 기분은 어땠나요? 가능한 한 많이 말해주세요.

모범답변

도입부	본문	마무리
그 영화는 끔찍했음	• 그 영화는 테넷이었음 • 스토리가 너무 혼란스러웠음 • 대사를 들을 수 없었음	정말 실망했음

도입부

솔직히 , I always ~을 끝까지 보다 movies, and I'm the same way with books. But, one time, I just couldn't do it. The movie was terrible.

솔직히, 전 언제나 영화를 끝까지 봐요, 그리고 책을 볼 때도 그렇고요. 하지만, 한 번, 도저히 그럴 수가 없었어요. 그 영화는 끔찍했어요.

본문

The movie was Tenet. Maybe you know it. It was 감독된 by Christopher Nolan. His movies are always 아주 뛰어난 . I was excited to see Tenet. I mean, I even had tickets for 개봉일 저녁 ! The movie started, and it ~하게 보였다 OK. But, after only twenty minutes, I had no idea what was happening. The story was so 혼란스러운 ! Even worse, I couldn't hear any of the 대화 . The soundtrack was so loud. So, I was 완전히 lost. I still don't know what the movie was about.

그 영화는 테넷이었어요. 어쩌면 당신도 알지도 모르겠네요. 크리스토퍼 놀란이 감독했어요. 그의 영화는 항상 아주 뛰어나죠. 테넷을 보게 돼서 정말 신났었어요. 제 말은, 심지어 개봉일 저녁 표를 샀었어요! 영화가 시작했고, 괜찮아 보였죠. 하지만, 20분밖에 지나지 않았을 때, 전 무슨 일이 일어나고 있는 건지 알 수가 없었어요. 스토리가 너무 혼란스러웠어요! 게다가, 대사를 하나도 들을 수가 없었어요. 음악 소리가 너무 컸죠. 그래서, 전혀 이해할 수가 없었어요. 여전히 그 영화가 무엇에 대한 것이었는지 모르겠어요.

마무리

That's it. I was so 실망한 .

그게 다예요. 정말 실망했었죠.

모범답안

Honestly / finish / directed / excellent / opening night / seemed / confusing / dialogue / completely / disappointed

That's the end of the situation. Have you ever been in a similar situation? Have you wanted to leave the theater because the movie was so boring? If so, tell me about it. What did you do? Did you decide to stay, or did you go? How did you feel? Tell me as much as you can.

상황극이 끝났습니다. 비슷한 상황을 겪어본 적이 있나요? 영화가 너무 지루해서 극장을 나가고 싶었던 적이 있나요? 만약 그렇다면, 그에 대해 말해주세요. 무엇을 했나요? 남아있기로 결정했나요, 아니면 떠났나요? 기분은 어땠나요? 가능한 한 많이 말해주세요.

모범답변

🔊 MP3 3_26

도입부	본문	마무리
The movie was terrible.	• The movie was Tenet. • The story was so confusing. • couldn't hear any of the dialogue	so disappointed

도입부

Honestly, I always finish movies, and I'm the same way with books. But, one time, I just couldn't do it. The movie was terrible.

솔직히, 전 언제나 영화를 끝까지 봐요, 그리고 책을 볼 때도 그렇고요. 하지만, 한 번, 도저히 그럴 수가 없었어요. 그 영화는 끔찍했어요.

본문

The movie was Tenet. Maybe you know it. It was directed by Christopher Nolan. His movies are always excellent. I was excited to see Tenet. I mean, I even had tickets for opening night! The movie started, and it seemed OK. But, after only twenty minutes, I had no idea what was happening. The story was so confusing! Even worse, I couldn't hear any of the dialogue. The soundtrack was so loud. So, I was completely lost. I still don't know what the movie was about.

그 영화는 테넷이었어요. 어쩌면 당신도 알지도 모르겠네요. 크리스토퍼 놀란이 감독했어요. 그의 영화는 항상 아주 뛰어나죠. 테넷을 보게 돼서 정말 신났었어요. 제 말은, 심지어 개봉일 저녁 표를 샀어요! 영화가 시작했고, 괜찮아 보였죠. 하지만, 20분밖에 지나지 않았을 때, 전 무슨 일이 일어나고 있는 건지 알 수가 없었어요. 스토리가 너무 혼란스러웠어요! 게다가, 대사를 하나도 들을 수가 없었어요. 음악 소리가 너무 컸죠. 그래서, 전혀 이해할 수가 없었어요. 여전히 그 영화가 무엇에 대한 것이었는지 모르겠어요.

마무리

That's it. I was so disappointed.

그게 다예요. 정말 실망했었죠.

고득점 어휘/표현

어휘/표현

similar 비슷한, 유사한   leave 떠나다   boring 지루한   decide to ~하기로 결정하다   honestly 솔직히 말하면   terrible 끔찍한   direct ~을 감독하다   opening night 개봉, 개막 첫날 밤   seem ~처럼 보이다   have no idea 전혀 모르다   story 줄거리   confusing 혼란스러운, 헷갈리는   even worse 설상가상으로, 더 심각한 건   dialogue (연극, 영화의) 대화 부분   completely 완전히   lost 뭐가 뭔지 알 수 없는, 이해할 수 없는   disappointed 실망한

• 친구에게 영화 관련 질문

| 도입부 | 본문 | 마무리 |

• 영화 관람 중 지루한 상황 문제 해결

| 도입부 | 본문 | 마무리 |

• 지루한 영화를 본 경험

| 도입부 | 본문 | 마무리 |

STEP 1 기출 포인트 파악하기

가장 많이 나오는 2 COMBO 세트

❶ 좋아하는 국내 여행 장소

You indicated that you like to travel domestically. Where do you like to go? Why do you like that place? Tell me in detail.

당신은 국내 여행을 좋아한다고 답했습니다. 어디로 여행 가는 것을 좋아하나요? 그 장소를 좋아하는 이유는 무엇인가요? 자세히 말해주세요.

❷ 여행에 대해 질문

I also like traveling. Please ask me three or four questions about a trip that I took.

저도 여행하는 것을 좋아합니다. 제가 갔던 여행에 대해 서너 가지 질문을 해주세요.

오픽 꿀팁 추가 빈출 문제

- **좋아하는 국내 여행 장소**
  You indicated in the survey that you like to travel domestically. Tell me about some of the places you like to travel to and why you like going there.
  당신은 국내에서 휴가를 보낸다고 했습니다. 여행 가기 좋아하는 장소가 어디인지, 왜 좋아하는지 말해주세요.

- **여행 가기 전 준비**
  Can you tell me about the things you do in order to prepare for trips?
  여행 준비를 위해 당신이 준비하는 일들에 대해 말해 주시겠어요?

- **과거와 현재의 여행 비교와 어려워진 점**
  You indicated in the survey that you travel domestically. People say that traveling has become more difficult in the past 5 years. Tell me about the types of changes you have observed while traveling and talk about how these changes have affected travelers.
  당신은 사전 조사를 통해 국내에서 휴가를 보낸다고 답했습니다. 사람들은 지난 5년 동안 여행이 더 어려워졌다고 말합니다. 당신이 여행 중에 느낀 변화와 이러한 변화가 여행자들에게 어떤 영향을 미쳤는지 말해주세요.

어휘와 패턴 익히기

제시된 오늘의 어휘와 패턴을 익히고 답변에 사용하고자 하는 어휘나 패턴에 체크해보세요.

어휘

☐	관광지	tourist destinations
☐	유람선	ferry
☐	경치	landscape
☐	장소	spot
☐	~라 불리는	called
☐	~에 위치하다	be located in/at
☐	~로 유명한	famous for
☐	아이디어를 좀 얻다	get some ideas
☐	~로 일하다	work as
☐	경험하다, 경험	experience
☐	해외에	overseas
☐	유행병	pandemic

패턴

• be famous for   ~로 유명하다

It is famous for food made with garlic.
마늘로 만든 음식이 유명해요.

It _____ beautiful landscape.
아름다운 경치로 유명해요.

• help ~ 동사원형/to 동사원형   ~가 동사원형 하게 도와주다

Traveling helps me get some ideas about my work.
여행은 제가 일에 대한 새로운 아이디어를 얻는 데 도움을 줘요.

Traveling _____ me relieve stress.
여행은 제가 스트레스를 해소하는 데 도움을 줘요.

주어진 우리말을 보고 빈칸을 채우고 아래 모범 답안을 확인해보세요.

❶ 좋아하는 국내 여행 장소 – 단양

국내 여행을 좋아함	I like to 여행 가다 domestically.
좋아하는 장소는 단양	Danyang is my 좋아하는 place.
서울에서 두시간 반 걸림	It (시간이) 걸리다 about two and a half hours to get there from Seoul.

❷ 좋아하는 국내 여행 장소 – 좋아하는 이유

관광지가 많음	It has a lot of 관광지 .
흥미로운 장소, 카페 산	There is an interesting spot ~라 불리는 Café San.
마늘로 만든 음식이 유명함	It's ~로 유명한 food made with garlic.

❸ 여행에 대해 질문

여행을 왜 좋아하는지	Why do you 여행을 좋아하다 ?
어디로 가는 것을 좋아하는지	어디로 do you like to go?
최근 해외로 여행을 갔던 때는 언제였는지	When is the last time you traveled 해외로, 해외에서 ?

모범 답안

❶ go on trips / favorite / takes
❷ tourist destinations / called /famous for
❸ like traveling / Where / overseas

실전 문제를 듣고 빈칸을 채우거나 소리내 말해보고 아래 모범 답안을 확인해보세요.

🔊 MP3 3_27

Q14 좋아하는 국내 여행 장소

You indicated that you like to travel domestically. Where do you like to go? Why do you like that place? Tell me in detail.

당신은 국내 여행을 좋아한다고 답했습니다. 어디로 여행 가는 것을 좋아하나요? 그 장소를 좋아하는 이유는 무엇인가요? 자세히 말해주세요.

모범답변

도입부	본문	마무리
좋아하는 장소는 단양	• 관광지가 많음 • 흥미로운 장소, 카페 산 • 마늘로 만든 음식이 유명함	그게 다임

도입부

Well, I like to [여행 가다] domestically and Danyang is my favorite place. It [(시간이) 걸리다] about two and a half hours to get there from Seoul.

음, 저는 국내 여행을 좋아해요. 그리고 제가 좋아하는 장소는 단양이에요. 그곳에 가는데 서울에서 두시간 반 정도 걸려요.

본문

First, it has a lot of [관광지] such as Chungjuho, Gosu Cave or Guinsa Temple. [~중에] them, the [유람선] ride on Chungjuho Lake is amazing because I can enjoy the beautiful [경치]. Second, there is an interesting [장소] [~라 불리는] Café San. It's located about 600 meters up on a mountain. So, people can drink some coffee enjoying a spectacular view. Also, they can do paragliding outside of the café. Last, it is [~로 유명한] food [~로 만들어진] garlic such as garlic chicken, garlic bread and garlic tteokgalbi.

첫째로, 그곳에는 충주호, 고수 동굴, 구인사와 같은 관광지들이 많아요. 그 중에서도, 충주호에서 타는 유람선은 굉장히 멋있어요. 왜냐하면 아름다운 경치를 즐길 수 있기 때문이죠. 둘째로, 카페 산이라 불리는 흥미로운 장소가 있어요. 약 600미터 산 위에 위치하고 있어요. 그래서 사람들은 멋진 경치를 즐기며 커피를 마실 수 있죠. 또한, 카페 밖에서는 패러글라이딩도 할 수 있어요. 마지막으로, 마늘 치킨, 마늘빵 그리고 마늘 떡볶이와 같이 마늘로 만든 음식들이 유명해요.

마무리

That's about it.

그게 다예요.

모범 답안

go on trips / takes / tourist destinations / Among / ferry / landscape / spot / called / famous for / made with

Q14 좋아하는 국내 여행 장소

You indicated that you like to travel domestically. Where do you like to go? Why do you like that place? Tell me in detail.

당신은 국내 여행을 좋아한다고 답했습니다. 어디로 여행 가는 것을 좋아하나요? 그 장소를 좋아하는 이유는 무엇인가요? 자세히 말해주세요.

모범답변   🔊 MP3 3_28

도입부	본문	마무리
favorite place, Danyang	• a lot of tourist destinations • interesting spot, Café San • famous for food made with garlic	That's about it.

도입부

Well, I like to go on trips domestically and Danyang is my favorite place. It takes about two and a half hours to get there from Seoul.

음, 저는 국내 여행을 좋아해요. 그리고 제가 좋아하는 장소는 단양이에요. 그곳에 가는데 서울에서 두시간 반 정도 걸려요.

본문

First, it has a lot of tourist destinations such as Chungjuho, Gosu Cave or Guinsa Temple. Among them, the ferry ride on Chungjuho Lake is amazing because I can enjoy the beautiful landscape. Second, there is an interesting spot called Café San. It's located about 600 meters up on a mountain. So, people can drink some coffee enjoying a spectacular view. Also, they can do paragliding outside of the café. Last, it is famous for food made with garlic such as garlic chicken, garlic bread and garlic tteokgalbi.

첫째로, 그곳에는 충주호, 고수 동굴, 구인사와 같은 관광지들이 많아요. 그 중에서도, 충주호에서 타는 유람선은 굉장히 멋있어요. 왜냐하면 아름다운 경치를 즐길 수 있기 때문이죠. 둘째로, 카페 산이라 불리는 흥미로운 장소가 있어요. 약 600미터 산 위에 위치하고 있어요. 그래서 사람들은 아름다운 경치를 즐기며 커피를 마실 수 있죠. 또한, 카페 밖에서는 패러글라이딩도 할 수 있어요. 마지막으로, 마늘 치킨, 마늘빵 그리고 마늘 떡볶이와 같이 마늘로 만든 음식들이 유명해요.

마무리

That's about it.

그게 다예요.

고득점 어휘/표현

어휘/표현

tourist destinations 관광지   ferry 유람선   landscape 경치   spot 장소   called ~라 불리는   be located 위치하다
paragliding 패러글라이딩   famous for ~로 유명한

Q15 여행에 대해 질문

I also like traveling. Please ask me three or four questions about a trip that I took.
저도 여행하는 것을 좋아합니다. 제가 갔던 여행에 대해 서너 가지 질문을 해주세요.

모범답변

도입부	본문	마무리
몇 가지 질문이 있음	• 여행하는 것을 왜 좋아하는지 • 어디로 가는 것을 좋아하는지 • 최근 해외로 여행을 갔던 때는 언제였는지	그게 다임

도입부

Oh, you like traveling? Then, I have 몇 가지 질문 for you.
아, 여행하는 것을 좋아하나요? 그렇다면, 당신에게 몇 가지 질문이 있어요.

본문

First, why do you like traveling? For me, it helps me 아이디어를 좀 얻다 about my work. I ~로 일하다 a writer, so I always want to 새로운 것들을 경험하다 . Second, where do you like to go? I like to travel around Europe ~와 같은 Spain, Italy, and France because they have a lot of 관광지 . Last, when is the last time you traveled 해외에 ? For me, I can't remember the last time I traveled overseas. 요즘 , people cannot travel much because of 유행병 .
첫째로, 여행하는 것을 왜 좋아하나요? 제게 여행은 일에 대한 새로운 아이디어들을 얻는 데 도움이 돼요. 저는 작가로 일하고 있어서 항상 새로운 것들을 경험하고 싶거든요. 둘째로, 어디로 여행가는 것을 좋아하나요? 저는 스페인, 이탈리아 그리고 프랑스와 같이 유럽을 여행하는 걸 좋아해요. 왜냐하면 관광지가 많기 때문이죠. 마지막으로, 최근 해외로 여행을 갔던 때는 언제였나요? 저 같은 경우에는, 마지막으로 여행 갔던 때가 기억이 나질 않네요. 요즘, 사람들은 유행병 때문에 여행을 자주 가지 못하거든요.

마무리

That's about it.
그게 다예요.

모범 답안

some questions / get some ideas / work as / experience new things / such as / tourist destinations / overseas / Nowadays / pandemic

I also like traveling. Please ask me three or four questions about a trip that I took.

저도 여행하는 것을 좋아합니다. 제가 갔던 여행에 대해 서너 가지 질문을 해주세요.

모범답변

(MP3 3_30)

도입부	본문	마무리
have some questions	• why do you like traveling • where do you like to go • when is the last time, traveled overseas	That's about it.

도입부

Oh, you like traveling? Then, I have some questions for you.

아, 여행하는 것을 좋아하나요? 그렇다면, 당신에게 몇 가지 질문이 있어요.

본문

First, why do you like traveling? For me, it helps me get some ideas about my work. I work as a writer, so I always want to experience new things. Second, where do you like to go? I like to travel around Europe such as Spain, Italy, and France because they have a lot of tourist destinations. Last, when is the last time you traveled overseas? For me, I can't remember the last time I traveled overseas. Nowadays, people cannot travel much because of pandemic.

첫째로, 여행하는 것을 왜 좋아하나요? 제게 여행은 일에 대한 새로운 아이디어들을 얻는 데 도움이 돼요. 저는 작가로 일하고 있어서 항상 새로운 것들을 경험하고 싶거든요. 둘째로, 어디로 여행가는 것을 좋아하나요? 저는 스페인, 이탈리아 그리고 프랑스와 같이 유럽을 여행하는 걸 좋아해요. 왜냐하면 관광지가 많기 때문이죠. 마지막으로, 최근 해외로 여행을 갔던 때는 언제였나요? 저 같은 경우에는, 마지막으로 여행 갔던 때가 기억이 나질 않네요. 요즘, 사람들은 유행병 때문에 여행을 자주 가지 못하거든요.

마무리

That's about it.

그게 다예요.

고득점 어휘/표현

어휘/표현

get some ideas 아이디어를 좀 얻다   work as ~로 일하다   experience 경험하다, 경험   such as ~와 같이   tourist attractions 관광지
overseas 해외에   pandemic 유행병

STEP 5 **나만의 OPIc 답변 만들어 보기**

• 좋아하는 국내 여행 장소

도입부	본문	마무리

• 여행에 대해 질문

도입부	본문	마무리

OPIc

진짜학습지

IM

Week

4

OPIc
진짜학습지 IM

초판 1쇄 발행 2022년 2월 23일
초판 4쇄 발행 2025년 7월 15일

지은이 멀티캠퍼스·시원스쿨어학연구소
펴낸곳 (주)에스제이더블유인터내셔널
펴낸이 양홍걸 이시원

홈페이지 www.siwonschool.com
주소 서울시 영등포구 영신로 166 시원스쿨
교재 구입 문의 02)2014-8151
고객센터 02)6409-0878

ISBN 979-11-6150-583-1 13740
Number 1-110806-26123000-04

Week
4

이번 주 학습 목표

◈ 재활용 주제에 관한 설명, 묘사, 경험 문제 유형에 답변할 수 있다.

◈ 주제에 관련 없이 경험과 관련된 문제 유형에 답변할 때 시제에 유의해서 답변 할 수 있다.

◈ 11, 12, 13번으로 출제되는 롤플레이 문제 유형을 익힐 수 있다.

전체 MP3 모음

문항 구성

자기소개	1 자기소개	공통형 재활용	8 내가 하는 재활용
선택형 국내 여행	2 좋아하는 국내 여행 장소		9 재활용 방법
	3 여행 가기 전 준비		10 어렸을 때 했던 재활용 경험
	4 어렸을 때 기억에 남는 여행 경험	롤플레이 (선택형) 자전거 (유산소)	11 자전거 대여 질문
공통형 휴일	5 우리나라의 휴일		12 원하는 자전거가 없는 상황 문제 해결
	6 최근 휴일		13 자전거를 빌린 경험
	7 휴일 중 기억에 남는 경험	선택형 음악 감상하기	14 좋아하는 음악 비교
			15 사람들이 음악을 듣는 데 사용하는 장치

시험 난이도 ★★★☆☆

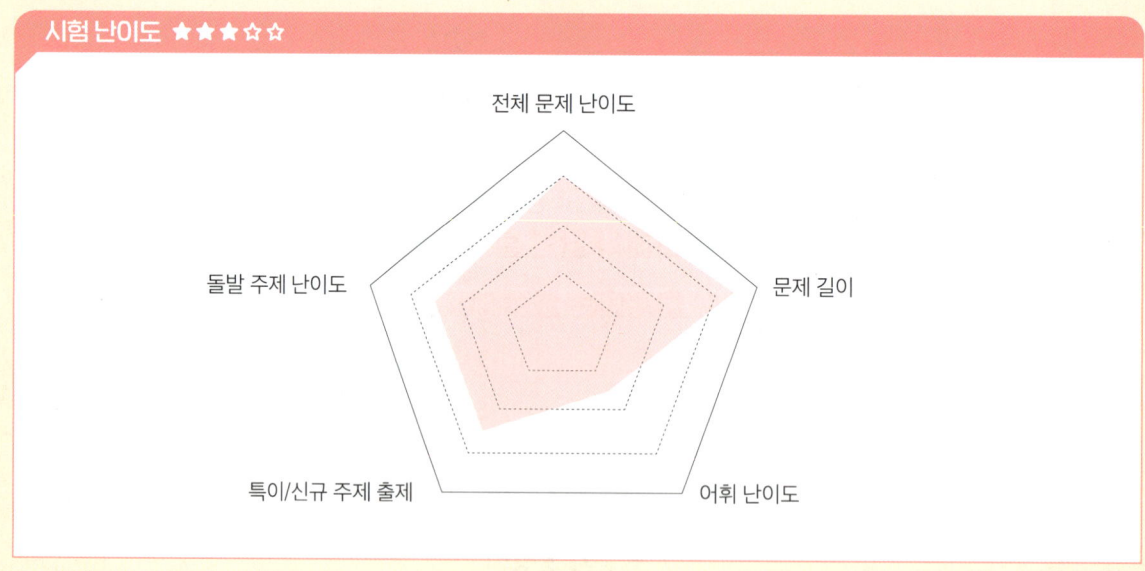

Self-Assessment 3-3

STEP 1 어휘와 패턴 익히기

제시된 오늘의 어휘와 패턴을 익히고 답변에 사용하고자 하는 어휘나 패턴에 체크해보세요

어휘

☐	최고 학년의	senior
☐	~을 졸업하다	graduate
☐	학위	degree
☐	정치학	political science
☐	시험을 보다	take a test
☐	일자리를 구하다	get a job
☐	수줍은, 숫기 없는	shy
☐	소심한, 내성적인	timid
☐	외향적인, 사교적인	outgoing

패턴

• graduate with a degree in   ~ 학위를 받다, 취득하다

I'll graduate soon with a degree in political science.
저는 곧 정치학 학사학위를 받을 거예요.
I'll _____ Law.
저는 법학 학사학위를 받을 거예요.

• apply to   ~에 신청하다, 지원하다

My plan was to apply to law school.
제 계획은 로스쿨에 지원하는 거였어요.
My plan was to _____ the global company.
제 계획은 세계적인 기업에 지원하는 거였어요.

실전 문제를 듣고 아래 핵심 아이디어를 확인한 뒤 소리내 말해보세요.

🔊 MP3 4_1

Q1 자기소개

Let's start the interview now. Tell me a little bit about yourself.

인터뷰를 시작합시다. 당신에 대해 말해주세요.

모범답변

🔊 MP3 4_2

도입부	본문	마무리
대학생 a university student	• 곧 정치학 학사 졸업 graduate soon with a degree in political science • 취업하는 데 도움 help me get a job • 더 외향적인 사람 되고 싶음 like to be more outgoing	나에 대한 몇 가지 a few things about me

도입부

Hi, Ava. It's nice to meet you. My name is Min-ho, and I'm a university student.

안녕하세요, 에바. 만나서 반가워요. 제 아름은 민호이고, 전 대학생이에요.

본문

I'm a senior at Dongguk University. I'll graduate soon with a degree in political science. My plan was to apply to law school, but I feel burnt out from studying. So, I want to work for a company. That's why I'm taking this test. I'm also a shy and timid person, but I'd really like to be more outgoing.

지금 동국대학교 4학년이죠. 곧 정치학 학사학위를 받을 거예요. 제 계획은 로스쿨에 지원하는 거였지만, 공부하는 데에 힘을 다 써버린 느낌이 들어요. 그래서, 회사에서 일을 하고 싶어요. 그게 이 시험을 치르는 이유이죠. 저는 수줍고 소심한 사람이지만, 더 외향적인 사람이 정말 되고 싶어요.

마무리

So, these are a few things about me.

그래서, 이게 저에 대한 몇 가지예요.

고득점 어휘/표현

어휘/표현

university 대학, 대학의   senior 최고 학년의   political science 정치학   apply to ~에 신청하다, 지원하다   burnt out 극도로 피곤한   take a test 시험을 보다   shy 수줍은, 숫기 없는   timid 소심한, 내성적인   outgoing 외향적인, 사교적인

STEP 1 기출 포인트 파악하기

가장 많이 나오는 3 COMBO 세트

❶ 좋아하는 국내 여행 장소

You mentioned in the survey that you like to go on domestic trips. Among the places you've visited, which is your favorite? Why is it your favorite? Tell me in detail.

당신은 설문조사에서 국내 여행을 가는 걸 좋아한다고 답했습니다. 방문했던 장소 중에서, 어떤 곳이 가장 좋나요? 가장 좋은 이유는 무엇인가요? 자세히 말해주세요.

❷ 여행 가기 전 준비

Before a trip, people need to make preparations. What do you usually do to prepare for a trip? How do you plan in order to have a good trip? Tell me everything you do to prepare for a trip in detail.

여행 전에, 사람들은 준비를 해야 하죠. 당신은 보통 여행을 준비하기 위해 무슨 일을 하나요? 좋은 여행을 하기 위해 어떻게 계획을 세우나요? 여행을 준비하기 위해 하는 모든 것에 대해 자세히 말해주세요.

❸ 어렸을 때 기억에 남는 여행 경험

Describe the most memorable experience you had during a trip in your childhood. Where did you go? What did you do? When was it? Tell me everything you can, from beginning to end.

당신이 어렸을 때 여행 중에 있었던 가장 인상 깊은 경험에 대해 설명해주세요. 어디를 갔었나요? 무엇을 했나요? 언제 있었던 일인가요? 처음부터 끝까지 가능한 모든 것을 말해주세요.

오픽 꿀팁 추가 빈출 문제

여행 중에 있었던 잊을 수 없는 경험
Traveling can lead to many kinds of interesting, funny and unexpected experiences. Tell me about one travel experience you had that was unforgettable. Start by telling me when this happened, where you were, and who you were with. And then, tell me about all the things that happened that made this experience so unforgettable.
여행 중에는 흥미롭고, 재미있고, 예상치 못한 일들이 생길 수 있습니다. 당신이 겪은 잊을 수 없는 경험에 대해 말해주세요. 언제, 어디서, 누구와 함께 있었는지부터 말해주세요. 그리고 나서 그 경험이 기억에 남게 된 일어난 모든 일들에 대해 말해주세요.

어휘와 패턴 익히기

제시된 오늘의 어휘와 패턴을 익히고 답변에 사용하고자 하는 어휘나 패턴에 체크해보세요.

어휘

☐	남쪽의	southern
☐	랜드마크, 명소, 유적	landmark
☐	등산로	hiking trail
☐	경치, 풍경	view
☐	(가정용)기기	appliances
☐	세면도구	toiletries
☐	비상약	emergency medicine
☐	영업 시간	opening hours
☐	일기예보	weather forecast

패턴

• be located on   ~에 위치하다, ~에 있다

Yeosu is located on the southern part of Korea.
여수는 한국 남부 지역에 있어요.

New York _____ the east part of America.
뉴욕은 미국 동부 지역에 있어요.

• try not to   ~하지 않으려고 노력하다

I try not to forget anything.
어떤 것도 잊어버리지 않으려고 노력해요.

I _____ be late all the time.
항상 늦지 않으려고 노력해요.

• It feels so different from   ~와는 느낌이 많이 다르다

It feels so different from Seoul.
서울과는 정말 다른 느낌이에요.

_____ what I saw before.
제가 전에 본 것과는 정말 다른 느낌이에요.

나만의 문장 만들기

주어진 우리말을 보고 빈칸을 채우고 아래 모범 답안을 확인해보세요.

❶ 좋아하는 국내 여행 장소 – 설명

좋아하는 여행 장소 - 여수	내가 좋아하는 place to travel is Yeosu.
남부지역에 위치	Yeosu 위치해 있다 on the southern part of Korea.
명소 많음	There are many 명소 .

❷ 여행 가기 전 준비

준비를 많이 함	I do a lot to 준비하다 .
필요한 모든 것의 자세한 목록을 만듦	I make a 자세한 목록 of everything I need to pack.
잊어버리지 않으려고 노력	I ~하지 않으려고 노력하다 forget anything.

❸ 어렸을 때 기억에 남는 여행 경험

해운대 근처 멋진 호텔에 묵음	We ~에 묵었다 a nice hotel near Haeundae Beach.
하루 종일 해변에서 보냄	We 하루 종일 보냈다 on the beach.
맛있는 해산물 저녁 먹으러 간 것 기억남	I remember ~하러 나간 것 a nice seafood dinner.

모범 답안

❶ My favorite / is located / landmarks
❷ prepare / detailed list / try not to
❸ stayed at / spent all day / going out for

실전 문제를 듣고 빈칸을 채우거나 소리내 말해보고 아래 모범 답안을 확인해보세요.

🔊 MP3 4_3

Q2 좋아하는 국내 여행 장소

You mentioned in the survey that you like to go on domestic trips. Among the places you've visited, which is your favorite? Why is it your favorite? Tell me in detail.

당신은 설문조사에서 국내 여행을 가는 걸 좋아한다고 답했습니다. 당신이 방문했던 장소 중에서, 어떤 곳을 좋아하나요? 가장 좋은 이유는 무엇인가요? 자세히 말해주세요.

모범답변

도입부	본문	마무리
가장 좋아하는 장소, 여수	• 남쪽에 위치함 • 명소가 많음 • 할 것이 많음	그게 다임

도입부

My [가장 좋아하는] place to travel is Yeosu.
제가 여행하기 가장 좋아하는 장소는 여수예요.

본문

Yeosu [위치해 있다] on the [남쪽의] part of Korea. It's right on the ocean, and there are many [명소]. I love walking around at night because the bridges and buildings are beautiful at night. It feels so [~와는 다른] Seoul. [또한], there's a lot to do in Yeosu. My favorite thing is [자전거를 빌리는 것] and riding to Odongdo Island. There are many hiking [루트, 코스] there, and I can [즐기다] a lot of beautiful [경치].

여수는 한국 남부지역에 위치해 있어요. 바다에 바로 맞닿아 있고, 명소들도 많죠. 저는 밤에 걸어 다니는 것을 좋아해요. 왜냐하면 다리들과 건물들이 밤에 아름답기 때문이죠. 서울과는 정말 다른 느낌이에요. 또, 여수에는 할 것도 많죠. 제가 가장 좋아하는 건 자전거를 빌려서 오동도로 타고가는 거예요. 거기엔 등산로도 많이 있어서, 많은 아름다운 경치도 즐길 수 있죠.

마무리

That's about it.
그게 다예요.

모범 답안

favorite / is located / southern / landmarks / different from / Also / renting a bike / trails / enjoy / views

You mentioned in the survey that you like to go on domestic trips. Among the places you've visited, which is your favorite? Why is it your favorite? Tell me in detail.

당신은 설문조사에서 국내 여행을 가는 걸 좋아한다고 답했습니다. 당신이 방문했던 장소 중에서, 어떤 곳을 좋아하나요? 가장 좋은 이유는 무엇인가요? 자세히 말해주세요.

모범답변 🔊 MP3 4_4

도입부	본문	마무리
my favorite place, Yeosu	• located on the southern part • many landmarks • a lot to do	That's about it.

도입부

My favorite place to travel is Yeosu.

제가 여행하기 가장 좋아하는 장소는 여수예요.

본문

Yeosu is located on the southern part of Korea. It's right on the ocean, and there are many landmarks. I love walking around at night because the bridges and buildings are beautiful at night. It feels so different from Seoul. Also, there's a lot to do in Yeosu. My favorite thing is renting a bike and riding to Odongdo Island. There are many hiking trails there, and I can enjoy a lot of beautiful views.

여수는 한국 남부지역에 위치해 있어요. 바다에 바로 맞닿아 있고, 명소들도 많죠. 저는 밤에 걸어 다니는 것을 좋아해요. 왜냐하면 다리들과 건물들이 밤에 아름답기 때문이죠. 서울과는 정말 다른 느낌이에요. 또, 여수에는 할 것도 많죠. 제가 가장 좋아하는 건 자전거를 빌려서 오동도로 타고가는 거예요. 거기엔 등산로도 많이 있어서, 많은 아름다운 경치도 즐길 수 있죠.

마무리

That's about it.

그게 다예요.

고득점 어휘/표현

어휘/표현

southern 남쪽의 landmark 명소, 랜드마크, 유적 walk around ~주변을 걷다 rent ~을 빌리다, 대여하다 hiking trail 등산로, 등산 코스 enjoy 즐기다, 만끽하다

Q3 여행 가기 전 준비

Before a trip, people need to make preparations. What do you usually do to prepare for a trip? How do you plan in order to have a good trip? Tell me everything you do to prepare for a trip in detail.

여행 전에, 사람들은 준비를 해야 하죠. 당신은 보통 여행을 준비하기 위해 무슨 일을 하나요? 좋은 여행을 하기 위해 어떻게 계획을 세우나요? 여행을 준비하기 위해 하는 모든 것에 대해 자세히 말해주세요.

모범답변

도입부	본문	마무리
항상 많은 준비를 함	• 자세한 목록을 만듦 • 유명한 식당과 카페에 대한 목록을 만듦 • 일기예보를 확인함	그게 다임

도입부

I always do a lot to 준비하다 .

전 항상 많은 준비를 하죠.

본문

First, I make a 상세한 list of everything I need to 챙기다 . This 포함하다 clothing, 가정용 기기 , and 세면도구 . I also pack 비상약 . I try not to 잊어버리다 anything. Second, I make a list of the famous restaurants and cafes I want to visit. I always check the 리뷰, 후기 from the internet. Plus, I check their 영업 시간 . Finally, I check the 일기예보 because I don't like traveling on a rainy day.

첫번째로, 챙겨야 하는 모든 것에 대한 자세한 목록을 만들어요. 이 목록은 옷, (가정용)기기, 그리고 세면도구까지 포함하죠. 또한 비상약도 챙겨요. 어떤 것도 잊어버리지 않으려고 노력해요. 둘째로, 유명한 식당과 카페에 대한 목록을 만들어요. 그리고, 영업 시간을 확인해요. 마지막으로, 일기예보를 확인해요. 왜냐하면 비오는 날 여행하는 걸 좋아하지 않거든요.

마무리

That's everything I do before a trip.

여행 전에 준비하는 건 그게 다예요.

모범 답안

prepare / detailed / pack / includes / appliances / toiletries / emergency medicine / forget / reviews / opening hours / weather forecast

Before a trip, people need to make preparations. What do you usually do to prepare for a trip? How do you plan in order to have a good trip? Tell me everything you do to prepare for a trip in detail.

여행 전에, 사람들은 준비를 해야 하죠. 당신은 보통 여행을 준비하기 위해 무슨 일을 하나요? 좋은 여행을 하기 위해 어떻게 계획을 세우나요? 여행을 준비하기 위해 하는 모든 것에 대해 자세히 말해주세요.

모범답변

🔊 MP3 4_6

도입부	본문	마무리
always do a lot to prepare	• make a detailed list • make a list of the famous restaurants and cafes • check the weather forecast	That's everything.

도입부

I always do a lot to prepare.

전 항상 많은 준비를 하죠.

본문

First, I make a detailed list of everything I need to pack. This includes clothing, appliances, and toiletries. I also pack emergency medicine. I try not to forget anything. Second, I make a list of the famous restaurants and cafes I want to visit. I always check the reviews from the internet. Plus, I check their opening hours. Finally, I check the weather forecast because I don't like traveling on a rainy day.

첫번째로, 챙겨야 하는 모든 것에 대한 자세한 목록을 만들어요. 이 목록은 옷, (가정용)기기, 그리고 세면도구까지 포함하죠. 또한 비상약도 챙겨요. 어떤 것도 잊어버리지 않으려고 노력해요. 둘째로, 유명한 식당과 카페에 대한 목록을 만들어요. 그리고, 영업 시간을 확인해요. 마지막으로, 일기예보를 확인해요. 왜냐하면 비오는 날 여행하는 걸 좋아하지 않거든요.

마무리

That's everything I do before a trip.

여행 전에 준비하는 건 그게 다예요.

고득점 어휘/표현

어휘/표현

prepare 준비하다　detailed 상세한　list 목록　pack 꾸리다, 챙기다　include ~을 포함하다　appliances (가정용)기기　toiletries 세면도구　emergency medicine 비상약　forget 잊어버리다　review 평가, 리뷰　opening hours 영업 시간　weather forecast 일기예보

Q4 어렸을 때 기억에 남는 여행 경험

Describe the most memorable experience you had during a trip in your childhood. Where did you go? What did you do? When was it? Tell me everything you can, from beginning to end.

당신이 어렸을 때 여행 중에 있었던 가장 인상 깊은 경험에 대해 설명해주세요. 어디를 갔었나요? 무엇을 했나요? 언제 있었던 일인가요? 처음부터 끝까지 가능한 모든 것을 말해주세요.

모범답변

도입부	본문	마무리
가족들과 함께 부산에 감	• 좋은 호텔에 머물렀음 • 바다에서 처음 수영해 봄 • 맛있는 해산물을 저녁으로 먹음	그게 다임

도입부

어렸을 때 , I went to Busan with my family. We took the KTX from Seoul. It took about 3 hours.

어렸을 때, 가족들과 함께 부산에 갔어요. 우리는 서울에서 KTX를 탔어요. 약 세시간 정도 걸렸어요.

본문

We 묵었다 at a nice hotel ~근처에 Haeundae Beach, one of the best beaches in Korea. We spent all day on the beach. It was my first time swimming in the ocean. It was 무서운 at first, but then I 놀았다 in the waves. Finally, I remember going out for a nice seafood dinner with my parents. The food was 맛있는 , and we were all so happy.

우린 한국 최고의 해변 중 하나인 해운대 근처의 멋진 호텔에 묵었어요. 하루 종일 해변에서 시간을 보냈어요. 그때가 처음으로 바다에서 수영을 한 때였죠. 처음엔 무서웠지만, 그 다음에는 파도 속에서 놀았어요. 마지막으로 부모님과 맛있는 해산물을 저녁으로 먹으러 나갔던 게 기억나요. 음식이 정말 맛있었고, 모두들 정말 행복했죠.

마무리

That's about it.

그게 다예요.

모범 답안

When I was a kid / stayed / near / scary / played / delicious

Q4 어렸을 때 기억에 남는 여행 경험

Describe the most memorable experience you had during a trip in your childhood. Where did you go? What did you do? When was it? Tell me everything you can, from beginning to end.

당신이 어렸을 때 여행 중에 있었던 가장 인상 깊은 경험에 대해 설명해주세요. 어디를 갔었나요? 무엇을 했나요? 언제 있었던 일인가요? 처음부터 끝까지 가능한 모든 것을 말해주세요.

모범답변 🔊 MP3 4_8

도입부	본문	마무리
went to Busan with my family	• stayed in a nice hotel • my first time swimming in the ocean • going out for a nice seafood dinner	That's about it.

도입부

When I was a kid, I went to Busan with my family. We took the KTX from Seoul. It took about 3 hours.

어렸을 때, 가족들과 함께 부산에 갔어요. 우리는 서울에서 KTX를 탔어요. 약 세시간 정도 걸렸어요.

본문

We stayed at a nice hotel near Haeundae Beach, one of the best beaches in Korea. We spent all day on the beach. It was my first time swimming in the ocean. It was scary at first, but then I played in the waves. Finally, I remember going out for a nice seafood dinner with my parents. The food was delicious, and we were all so happy.

우린 한국 최고의 해변 중 하나인 해운대 근처의 멋진 호텔에 묵었어요. 하루 종일 해변에서 시간을 보냈어요. 그때가 처음으로 바다에서 수영을 한 때였죠. 처음엔 무서웠지만, 그 다음에는 파도 속에서 놀았어요. 마지막으로 부모님과 맛있는 해산물을 저녁으로 먹으러 나갔던 게 기억나요. 음식이 정말 맛있었고, 모두들 정말 행복했죠.

마무리

That's about it.

그게 다예요.

고득점 어휘/표현

어휘/표현

memorable 기억할 만한, 인상깊은 experience 경험 childhood 어린 시절 countryside 지방, 시골 stay ~에서 지내다, 묵다 near ~근처에 spend (시간을)보내다, 지내다 scary 무서운 wave 파도 go out for dinner 저녁을 먹으러 나가다 delicious 아주 맛있는

STEP 5 나만의 OPIc 답변 만들어 보기

• 좋아하는 국내 여행 장소

• 여행 가기 전 준비

• 어렸을 때 기억에 남는 여행 경험

STEP1 기출 포인트 파악하기

가장 많이 나오는 3 COMBO 세트

❶ 우리나라의 휴일

Tell me about the most popular holidays in your country. What do people in your country do during the holidays? Tell me everything you can about these holidays.

당신의 나라에서 가장 유명한 휴일에 대해 말해주세요. 휴일 동안 사람들은 무엇을 하나요? 이 휴일에 관해 가능한 한 모든 걸 말해주세요.

❷ 최근 휴일

Tell me about your most recent holiday. What holiday was it? What did you do? Who were you with? Did anything unexpected happen during the holiday? Tell me what happened from start to finish.

가장 최근에 있었던 휴일에 대해 말해주세요. 어떤 휴일이었나요? 무엇을 했나요? 누구와 함께 있었나요? 휴일 동안 예상치 못했던 일이 일어났나요? 처음부터 끝까지 무슨 일이 있었는지 말해주세요.

❸ 휴일 중 기억에 남는 경험

Describe the most memorable event that happened to you during a holiday. What happened? Tell me in as much detail as possible.

휴일 동안 있었던 가장 기억에 남는 사건을 설명해주세요. 무슨 일이 있었나요? 가능한 한 자세히 말해주세요.

오픽 꿀팁

오픽 답변을 준비할 때, 장소 묘사와 활동 묘사에 대한 아이디어를 함께 준비하는 것을 추천해요. 오픽 시험은 아래와 같이 3콤보 출제 방식에 따라 한 주제에 관해 세 가지의 문제가 주어져요. 이 때, 첫 번째 그리고 두 번째 문제로 장소나 활동 묘사가 주로 등장하기 때문에 휴일/명절을 비롯해 다양한 주제에서도 육하원칙에 따라 어디서 무엇을 하는지 아이디어 브레인스토밍을 해보는 것이 매우 중요해요.

추가로 휴일(holidays) 관련해서 2콤보로 출제된다면 아래와 같이 등장할 수 있으니 반드시 알아두세요.
Q14 우리나라 휴일의 종류와 사람들의 활동
Q15 휴일 관련 사람들의 우려나 걱정

어휘와 패턴 익히기

제시된 오늘의 어휘와 패턴을 익히고 답변에 사용하고자 하는 어휘나 패턴에 체크해보세요.

어휘

☐	휴일, 연휴, 명절	holiday
☐	국가적인 행사	national event
☐	일과, 일상	routine
☐	전통 의식, 의례	traditional rite
☐	전통 놀이	traditional game
☐	사회적 거리두기	social distancing
☐	전세계(전국)적인 유행병	pandemic
☐	화상채팅에 참가하다	video chat
☐	기억할 만한, 인상깊은	memorable
☐	~을 주최하다, 열다	host
☐	침착함을 유지하다, 정신 차리다	keep it together

패턴

• the most memorable ~ was   가장 기억에 남는 ~은 ~였다

The most memorable holiday of my life was Chuseok last year.
제 인생에서 가장 기억에 남는휴일은 작년 추석이었어요.

_____ holiday _____ Christmas Day last year.
가장 기억에 남는 휴일은 작년 크리스마스였어요.

• other than that   그 외에는

Other than that, my mom cooked some traditional food.
그 외에는, 어머니가 몇 가지 전통 음식을 요리했어요.

_____, I made some dessert.
그 외에는, 제가 디저트를 만들었어요.

주어진 우리말을 보고 빈칸을 채우고 아래 모범 답안을 확인해보세요.

❶ 우리나라의 휴일

많은 사람들이 몇 가지 전통적인 의식을 함	Many people do some 전통적인 의식 .
많은 양의 음식 준비	A lot of food is 준비가 된 .
가족들이 함께 전통 놀이 함	Sometimes, families play 전통 놀이 together.

❷ 최근 휴일 (1)

사회적 거리두기 때문에 달라짐	It was different because of the 사회적 거리두기 .
요즘엔 겨우 몇 명의 사람들만 만날 수 있음	겨우 몇 명의 사람들 can meet together these days.
연휴 동안 집에 있었음	My parents and I stayed at home 연휴 동안 .

❸ 최근 휴일 (2)

조부모님 정말 보고 싶음	I really 보고 싶다 my grandparents.
한시간 정도 화상 채팅	We 화상 채팅 했다 with my grandparents for about an hour.
전과 같지는 않음	It wasn't the same 이전과 같이 .

❹ 휴일 중 기억에 남는 경험 (1)

작년 추석	It was Chuseok 작년 .
추석 행사 우리집에서 하자고 제안	We 제안했다 to host Chuseok at our house.
일이 많았기 때문에 기억남	I remember it because it was 정말 많은 일 .

❺ 휴일 중 기억에 남는 경험 (2)

일찍 일어나서 요리 도와주려고 했음	On Chuseok, I 일찍 일어났다 to help with the cooking.
어머니가 말하는 대로 뭐든 했음	I just did whatever my mom 말한대로 하다 .
집이 사람들로 정말 북적임	Our home got really 북적이는 .

모범 답안

❶ traditional rites / prepared / traditional games
❷ social distancing / Only few people / during the holiday
❸ want to see / video chatted / as before
❹ last year / offered / so much work
❺ woke up early / told me to do / crowded

실전 문제를 듣고 빈칸을 채우거나 소리내 말해보고 아래 모범 답안을 확인해보세요.

🔊 MP3 4_9

Q5 우리나라의 휴일

Tell me about the most popular holidays in your country. What do people in your country do during the holidays? Tell me everything you can about these holidays.

당신의 나라에서 가장 유명한 휴일에 대해 말해주세요. 휴일 동안 사람들은 무엇을 하나요? 이 휴일에 관해 가능한 한 모든 걸 말해주세요.

모범답변

도입부	본문	마무리
많은 휴일이 있지만 두 개가 아주 중요	• 몇 가지 전통적인 의식을 함 • 많은 양의 음식이 준비 됨 • 가족들이 함께 전통 놀이 함	한국에서 아주 중요한 휴일

도입부

There are 많은 휴일들 in my country, but two of them are 아주 중요한 . One is Seolnal and 다른 하나 is Chuseok.

우리나라에는 많은 휴일이 있지만 그 중 두 개가 아주 중요해요. 하나는 설날이고, 다른 하나는 추석이에요.

본문

These holidays are like major 국가적인 행사들 . They 계속되다 for several days and everyone takes some time with their family. As you can imagine, the traffic can be a nightmare! But, it's important for families to spend this time together. Both holidays have 비슷한 일과들 . Many people do some traditional 의식들 to perform, and a lot of food is prepared. Sometimes, families play traditional games together, too.

이 휴일들은 주요한 국가적인 행사에 더 가까워요. 여러 날 동안 이어지고, 모두가 휴가를 보내죠. 예상할 수 있듯이, 교통량이 끔찍해요! 하지만, 가족들에겐 이 시간을 함께 보내는 것이 중요해요. 두 명절 모두 일과가 비슷해요. 많은 사람들이 몇 가지 전통적인 의식들을 하고, 많은 양의 음식이 준비되죠. 때때로, 가족들이 함께 전통 놀이를 하기도 해요.

마무리

Both holidays are very 중요한 in Korea.

둘 다 한국에서 아주 중요한 명절이에요.

모범 답안

many holidays / very important / the other / national events / last / similar routines / rites / important

Q5 우리나라의 휴일

Tell me about the most popular holidays in your country. What do people in your country do during the holidays? Tell me everything you can about these holidays.

당신의 나라에서 가장 유명한 휴일에 대해 말해주세요. 휴일 동안 사람들은 무엇을 하나요? 이 휴일에 관해 가능한 한 모든 걸 말해주세요.

모범답변　　　　　　　　　　　　　　　　　　　　　　　　　🔊 MP3 4_10

도입부	본문	마무리
many holidays but two of them are very important	• do some traditional rites • a lot of food is prepared • families play traditional games together	very important in Korea

도입부

There are many holidays in my country, but two of them are very important. One is Seolnal and the other is Chuseok.

우리나라에는 많은 휴일이 있지만 그 중 두 개가 아주 중요해요. 하나는 설날이고, 다른 하나는 추석이에요.

본문

These holidays are like major national events. They last for several days and everyone takes some time with their family. As you can imagine, the traffic can be a nightmare! But, it's important for families to spend this time together. Both holidays have similar routines. Many people do some traditional rites to perform, and a lot of food is prepared. Sometimes, families play traditional games together, too.

이 휴일들은 주요한 국가적인 행사에 더 가까워요. 여러 날 동안 이어지고, 모두가 휴가를 보내죠. 예상할 수 있듯이, 교통량이 끔찍해요! 하지만, 가족들에겐 이 시간을 함께 보내는 것이 중요해요. 두 명절 모두 일과가 비슷해요. 많은 사람들이 몇 가지 전통적인 의식들을 하고, 많은 양의 음식이 준비되죠. 때때로, 가족들이 함께 전통 놀이를 하기도 해요.

마무리

Both holidays are very important in Korea.

둘 다 한국에서 아주 중요한 명절이에요.

고득점 어휘/표현

어휘/표현

holiday 휴일, 연휴, 명절　major 주요한, 중요한　national event 국가적인 행사　last for ~ ~동안 계속되다　nightmare 악몽 같은 일, 끔찍한 일　similar 비슷한　routine 일과, 일상　traditional rite 전통의식, 의례

Q6 최근 휴일

Tell me about your most recent holiday. What holiday was it? What did you do? Who were you with? Did anything unexpected happen during the holiday? Tell me what happened from start to finish.

가장 최근에 있었던 휴일에 대해 말해주세요. 어떤 휴일이었나요? 무엇을 했나요? 누구와 함께 있었나요? 휴일 동안 예상치 못했던 일이 일어났나요? 처음부터 끝까지 무슨 일이 있었는지 말해주세요.

모범답변

도입부	본문	마무리
사회적 거리두기 때문에 다름	• 몇 달 전 추석 • 명절 내내 집에 있었음 • 어머니가 몇 가지 전통음식 만듦	그게 다임

도입부

[최근의] holidays were different because of the social distancing.

최근에 있었던 명절은 사회적 거리두기 때문에 달랐어요.

본문

For example, it was Chuseok [몇 달 전]. My family always go to my grandparents' house [매년]. But, [겨우 몇 명의 사람들] can meet together these days. So, my parents and I [묵었다] at home during the holiday. I guess there are [좋은 점들] and [나쁜 점들]. Actually, I don't like [이동] to my grandparents' home because of the [교통 체증]. But, I really want to see them. So, we [화상 채팅을 했다] with them for about an hour, but it wasn't [전과 변함 없이]. [그 외에는], my mom cooked some traditional food, so my family still had a good dinner together.

예를 들면, 그건 몇 달 전 추석이었어요. 우리 가족은 항상 매년 조부모님 댁에 가요. 하지만 요즘엔 겨우 몇 명의 사람들만 만날 수 있죠. 그래서 부모님과 저는 휴일동안 집에서 지내게 되었어요. 좋은 점과 나쁜 점이 있는 것 같아요. 사실은, 저는 교통 체증 때문에 조부모님 댁으로 이동하는 걸 좋아하지 않아요. 그래도 그들이 정말 보고 싶었어요. 그래서 한 시간 정도 그들과 화상 채팅을 했지만 전과 같지는 않았죠. 그 외에는, 어머니가 몇 가지 전통 음식을 요리해서 그래도 우리 가족은 맛있는 저녁을 함께 맛있는 저녁을 먹었죠.

마무리

That's about it.

그게 다예요.

모범 답안

Recent / a few months ago / every year / only few people / stayed / good things / bad things / traveling / traffic jam / video chatted / the same as before / Other than that

Tell me about your most recent holiday. What holiday was it? What did you do? Who were you with? Did anything unexpected happen during the holiday? Tell me what happened from start to finish.

가장 최근에 있었던 휴일에 대해 말해주세요. 어떤 휴일이었나요? 무엇을 했나요? 누구와 함께 있었나요? 휴일 동안 예상치 못했던 일이 일어났나요? 처음부터 끝까지 무슨 일이 있었는지 말해주세요.

모범답변

(MP3 4_12)

도입부	본문	마무리
different because of the social distancing	• It was Chuseok a few months ago. • stayed at home during the holiday • My mom cooked some traditional food.	That's about it.

도입부

Recent holidays were different because of the social distancing.

최근에 있었던 명절은 사회적 거리두기 때문에 달랐어요.

본문

For example, it was Chuseok a few months ago. My family always go to my grandparents' house every year. But, only few people can meet together these days. So, my parents and I stayed at home during the holiday. I guess there are good things and bad things. Actually, I don't like traveling to my grandparents' home because of the traffic jam. But, I really want to see them. So, we video chatted with them for about an hour, but it wasn't the same as before. Other than that, my mom cooked some traditional food, so my family still had a good dinner together.

예를 들면, 그건 몇 달 전 추석이었어요. 우리 가족은 항상 매년 조부모님 댁에 가요. 하지만 요즘엔 겨우 몇 명의 사람들만 만날 수 있죠. 그래서 부모님과 저는 휴일동안 집에서 지내게 되었어요. 좋은 점과 나쁜 점이 있는 것 같아요. 사실은, 저는 교통 체증 때문에 조부모님 댁으로 이동하는 걸 좋아하지 않아요. 그래도 그들이 정말 보고 싶었어요. 그래서 한 시간 정도 그들과 화상 채팅을 했지만 전과 같지는 않았죠. 그 외에는, 어머니가 몇 가지 전통 음식을 요리해서 그래도 우리 가족은 맛있는 저녁을 함께 맛있는 저녁을 먹었죠.

마무리

That's about it.

그게 다예요.

고득점 어휘/표현

어휘/표현

recent 최근의   different 다른   social distancing 사회적 거리두기   actually 사실은   video chat 화상채팅 하다   the same as before 전과 변함없이   other than that 그 외에는

Q7 휴일 중 기억에 남는 경험

Describe the most memorable event that happened to you during a holiday. What happened? Tell me in as much detail as possible.

연휴 동안 있었던 가장 기억에 남는 사건을 설명해주세요. 무슨 일이 있었나요? 가능한 한 자세히 말해주세요.

모범답변

도입부	본문	마무리
작년 추석이었음	• 추석 행사 우리집에서 하자고 제안했음 • 일이 정말 많았음 • 집이 사람들로 정말 북적임	다시 주최하지 않길 바람

도입부

The most 기억에 남은 holiday of my life was Chuseok 지난 해에 .

제 인생에서 가장 기억에 남는 휴일은 작년 추석이었어요.

본문

We 보통 go to my grandmother's house for Chuseok. My aunts, uncles, and cousins go, too. But, last year, we 제안했다 to 주최하다 Chuseok at our house. I remember it because it was so much work. We had to clean everything, and my mom was so 스트레스를 받는 . On Chuseok, I 일어났다 early to help with the cooking, but it was crazy in the kitchen. I just did 무엇이든지 my mom told me to do. Our family started 나타나는 것 , and our home got really 붐비는 . We kept it together, and Chuseok was a 성공 .

우리는 추석에 보통 저희 할머니 집에 가요. 이모, 삼촌, 그리고 사촌들도 가죠. 하지만, 작년에는, 우리 집에서 추석 행사를 하자고 제안했죠. 정말 일이 많았기 때문에 기억나요. 모든 걸 청소해야 했고, 어머니가 스트레스를 많이 받으셨어요. 추석에는, 일찍 일어나서 요리를 도와드리려고 했지만, 주방에는 난리가 나 있었죠. 그냥 어머니가 말하는 대로 뭐든지 했어요. 가족들이 오기 시작했고, 우리 집은 정말 북적북적해졌어요. 우린 침착함을 유지했고, 추석 행사는 대성공이었어요.

마무리

I ~을 바라다 we don't host it again this year.

올해는 우리가 그걸 다시 주최하지 않길 바라요.

모범 답안

memorable / last year / usually / offered / host / stressed / woke up / whatever / showing up / crowded / success / hope

Describe the most memorable event that happened to you during a holiday. What happened? Tell me in as much detail as possible.

연휴 동안 있었던 가장 기억에 남는 사건을 설명해주세요. 무슨 일이 있었나요? 가능한 한 자세히 말해주세요.

모범답변　　　　　　　　　　　　　　　　　　　　　　　　　　　🔊 MP3 4_14

도입부	본문	마무리
It was Chuseok last year.	• offered to host Chuseok at our house • so much work • our home got really crowded	hope we don't host it again

도입부

> The most memorable holiday of my life was Chuseok last year.
> 제 인생에서 가장 기억에 남는 휴일은 작년 추석이었어요.

본문

> We usually go to my grandmother's house for Chuseok. My aunts, uncles, and cousins go, too. But, last year, we offered to host Chuseok at our house. I remember it because it was so much work. We had to clean everything, and my mom was so stressed. On Chuseok, I woke up early to help with the cooking, but it was crazy in the kitchen. I just did whatever my mom told me to do. Our family started showing up, and our home got really crowded. We kept it together, and Chuseok was a success.
>
> 우리는 추석에 보통 저희 할머니 집에 가요. 이모, 삼촌, 그리고 사촌들도 가죠. 하지만, 작년에는, 우리 집에서 추석 행사를 하자고 제안했죠. 정말 일이 많았기 때문에 기억나요. 모든 걸 청소해야 했고, 어머니가 스트레스를 많이 받으셨어요. 추석에는, 일찍 일어나서 요리를 도와드리려고 했지만, 주방에는 난리가 나 있었죠. 그냥 어머니가 말하는 대로 뭐든지 했어요. 가족들이 오기 시작했고, 우리 집은 정말 북적북적해졌어요. 우린 침착함을 유지했고, 추석 행사는 대성공이었어요.

마무리

> I hope we don't host it again this year.
> 올해는 우리가 그걸 다시 주최하지 않길 바라요.

고득점 어휘/표현

어휘/표현

memorable 기억할 만한, 인상깊은　usually 보통, 평소에　offer to ~ ~을 제안하다, ~하겠다고 나서다　host ~을 주최하다, 열다
help with ~을 돕다　show up (약속한 곳에)나타나다　crowded 붐비는, 혼잡한　keep it together 침착함을 유지하다, 정신 차리다
success 성공

• 우리나라의 휴일

• 최근 휴일

• 휴일 중 기억에 남는 경험

STEP 1 기출 포인트 파악하기

가장 많이 나오는 3 COMBO 세트

❶ 내가 하는 재활용

I'd like to know about how you recycle in your neighborhood. How do you recycle? Do you have special routines for recycling at home? What kinds of things do you usually recycle? Can they be categorized? Tell me as much about recycling as possible.

당신이 동네에서 어떻게 재활용을 하는지 알고 싶습니다. 어떻게 재활용을 하나요? 집에서 재활용을 하는 데 특별한 절차가 있나요? 보통 어떤 종류의 것들을 재활용하나요? 그것들을 분류할 수 있나요? 재활용에 대해 가능한 많이 말해주세요.

❷ 일반 쓰레기 처리 방법

Tell me about how you dispose of your waste. Do you have a specific routine? Describe each step you take to dispose of your garbage.

쓰레기를 어떻게 처리하는지에 대해 말해주세요. 구체적인 절차가 있나요? 쓰레기를 버릴 때 밟는 각 순서를 설명해주세요.

❸ 어렸을 때 했던 재활용 경험

I'd like to know about how you recycled when you were young. Do you have any special memories about recycling? Was there a special place in your home for recycling? Tell me everything you remember.

당신이 어렸을 때 어떻게 재활용을 했는지 알고 싶습니다. 재활용과 관련된 특별한 기억이 있나요? 집에 재활용을 위한 특별한 공간이 있었나요? 기억하는 모든 걸 말해주세요.

오픽 꿀팁

어렸을 때 했던 재활용 경험의 답변은 과거와 현재의 재활용 방법 비교 문제에도 활용될 수 있으니 반드시 준비하세요. IM 등급을 넘어 오픽 고득점을 획득하기 위해서는 다양한 시제 활용과 비교/대조/변화 문제에 대한 답변이 매우 중요해요.

추가로 재활용 주제가 2콤보로 출제된다면 아래와 같이 등장할 수 있으니 함께 알아두세요.
Q14 과거와 현재의 재활용 방식 변화
Q15 재활용이나 환경 관련 최근 뉴스

제시된 오늘의 어휘와 패턴을 익히고 답변에 사용하고자 하는 어휘나 패턴에 체크해보세요.

어휘

☐	재활용	recycling
☐	쓰레기통, 큰 상자	bin
☐	분리하다, 나누다	separate
☐	창고	storage room
☐	~을 처리하다, ~을 버리다	dispose of
☐	쓰레기봉투	garbage bag
☐	편의점	convenience store
☐	지역, 구역	district
☐	벌금	fine
☐	판지	cardboard
☐	용기, 통	container

패턴

• All I have to do is   ~하기만 하면 된다

All I have to do is put the recycling in the correct bins.
저는 재활용품을 알맞은 통에 넣기만 하면 돼요.

_____ dispose of my trash at the correct time.
저는 제 시간에 쓰레기를 버리기만 하면 돼요.

• make sure   반드시 ~해야 한다, ~을 확실히 하다

Last, make sure you put your trash out at the correct time.
마지막으로, 반드시 알맞은 시간에 쓰레기를 내놓아야 해요.

I need to _____ I have enough special garbage bags.
넉넉하게 전용 쓰레기 봉투를 가지고 있는지 확실히 해야 해요.

• one of the best things about   ~의 가장 좋은 점 중 하나는

One of the best things about Korea is really easy to dispose of trash.
한국의 가장 좋은 점 중 하나는 쓰레기를 버리는 게 정말 쉽다는 거예요.

_____ recycling is that we can save our earth.
재활용의 가장 좋은 점 중 하나는 지구를 살릴 수 있다는 거예요.

나만의 문장 만들기

주어진 우리말을 보고 빈칸을 채우고 아래 모범 답안을 확인해보세요.

❶ 내가 하는 재활용

괜찮은 재활용 체계	My apartment complex has a good 재활용 체계 .
쉽고 효과적	It's 쉬운 and 효과적인 .
알맞은 통에 넣기만 하면 됨	All I have to do is put the recycling 알맞은 통에 .

❷ 일반 쓰레기 처리 방법

전용 쓰레기 봉투 사야 함	You need to buy 전용 쓰레기 봉투 .
쓰레기 버릴 적절한 장소 찾아야 함	찾다 적절한 장소 to put your trash bags.
알맞은 시간에 쓰레기 내놓아야 함	Make sure you put your trash out 알맞은 시간에 .

❸ 어렸을 때 재활용 경험

몇 가지 기억있음	I think I remember 몇 가지 .
플라스틱, 캔, 다른 물품 두는 각각 다른 통 있었음	We had 다른 통 for plastic, cans, and other items.
창고에 모든 걸 모아 놓곤 함	We collected everything 창고에 .

모범답안

❶ recycling system / easy / effective / in the correct bins
❷ special garbage bags / Find / the right place / at the correct time
❸ a few things / different bins / in the storage room

실전 문제를 듣고 빈칸을 채우거나 소리내 말해보고 아래 모범 답안을 확인해보세요.

◀) MP3 4_15

Q8 내가 하는 재활용

I'd like to know about how you recycle in your neighborhood. How do you recycle? Do you have special routines for recycling at home? What kinds of things do you usually recycle? Can they be categorized? Tell me as much about recycling as possible.

당신이 동네에서 어떻게 재활용을 하는지 알고 싶습니다. 어떻게 재활용을 하나요? 집에서 재활용을 하는 데 특별한 일과가 있나요? 보통 어떤 종류의 것들을 재활용하나요? 그것들을 분류할 수 있나요? 재활용에 대해 가능한 많이 말해주세요.

모범답변

도입부	본문	마무리
괜찮은 재활용 체계가 있음	• 재활용품을 알맞은 통에 넣으면 됨 • 일요일과 수요일 아침 10시 ~ 저녁 10시까지 임 • 집에서 먼저 재활용품을 분리함	모든 사람이 재활용을 해야 한다고 생각함

도입부

My apartment complex has a good   재활용 시스템 .
우리 아파트 단지는 괜찮은 재활용 체계가 있어요.

본문

It's   쉬운   and   효과적인 . All we have to do is put the recycling in the   정확한   bins. We can   재활용하다   on Sundays and Wednesdays, from 10 A.M. to 10 P.M. Anyway, to make it easier, I   분류하다   my recycling at home first. As for the categories, there are plastics, cans, and paper goods. I   보관하다   them all in separate bags in my   창고 , and then I take them out on the right days.

그것은 쉽고 효과적이죠. 저는 재활용품을 알맞은 통에 넣기만 하면 돼요. 일요일과 수요일 아침 10시부터 저녁 10시까지만 재활용을 할 수 있죠. 어쨌든, 더 쉽게 하기 위해서, 집에서 먼저 재활용품을 분리해요. 종류에 대해서라면, 플라스틱, 캔, 그리고 종이류가 있죠. 그것들을 창고에 있는 각각의 봉투에 보관하고, 정확한 날짜에 가지고 나가요.

마무리

I think everyone   ~해야 한다   recycle.
모든 사람이 재활용을 해야 한다고 생각해요.

모범 답안

recycling system / easy / effective / correct / recycle / too long / separate / keep / storage room / should

I'd like to know about how you recycle in your neighborhood. How do you recycle? Do you have special routines for recycling at home? What kinds of things do you usually recycle? Can they be categorized? Tell me as much about recycling as possible.

당신이 동네에서 어떻게 재활용을 하는지 알고 싶습니다. 어떻게 재활용을 하나요? 집에서 재활용을 하는 데 특별한 일과가 있나요? 보통 어떤 종류의 것들을 재활용하나요? 그것들을 분류할 수 있나요? 재활용에 대해 가능한 많이 말해주세요.

모범답변

 MP3 4_16

도입부	본문	마무리
a good recycling system	• put the recycling in the correct bins • on Sundays and Wednesdays, from 10 A.M. to 10 P.M. • separate my recycling at home first	Everyone should recycle.

도입부

My apartment complex has a good recycling system.

우리 아파트 단지는 괜찮은 재활용 체계가 있어요.

본문

It's easy and effective. All I have to do is put the recycling in the correct bins. We can recycle on Sundays and Wednesdays, from 10 A.M. to 10 P.M. Anyway, to make it easier, I separate my recycling at home first. As for the categories, there are plastics, cans, and paper goods. I keep them all in separate bags in my storage room, and then I take them out on the right days.

그것은 쉽고 효과적이죠. 저는 재활용품을 알맞은 통에 넣기만 하면 돼요. 일요일과 수요일 아침 10시부터 저녁 10시까지만 재활용을 할 수 있죠. 어쨌든, 더 쉽게 하기 위해서, 집에서 먼저 재활용품을 분리해요. 종류에 대해서라면, 플라스틱, 캔, 그리고 종이류가 있죠. 그것들을 창고에 있는 각각의 봉투에 보관하고, 정확한 날짜에 가지고 나가요.

마무리

I think everyone should recycle.

모든 사람이 재활용을 해야 한다고 생각해요.

고득점 어휘/표현

어휘/표현

apartment complex 아파트 단지   bins 통   separate 분류하다   categories 종류

Q9 일반 쓰레기 처리 방법

Tell me about how you dispose of your waste. Do you have a specific routine? Describe each step you take to dispose of your garbage.

쓰레기를 어떻게 처리하는지에 대해 말해주세요. 구체적인 일과가 있나요? 쓰레기를 버릴 때의 매 단계를 설명해주세요.

모범답변

도입부	본문	마무리
세 단계로 설명할 수 있음	• 전용 쓰레기 봉투를 사야함 • 쓰레기 봉투를 내놓을 수 있는 적절한 장소를 찾아야 함 • 알맞은 시간에 쓰레기를 내놓아야 함	꽤 편리함

도입부

I think it can 설명되다 in 세 단계 .

세 단계로 설명할 수 있을 것 같네요.

본문

First, you ~할 필요가 있다 buy special 쓰레기 봉투 . You can get them from any 편의점 . Oh, but you need to 확인하다 one thing. Every district has different waste bags. But, just buy them from your 지역의 mart, and it'll be OK. Second, find the right place to put your trash bags. It's usually on the street ~의 앞에 your apartment building. Last, ~을 확실히 하다 you put your trash out at the correct time. Check your neighborhoods trash collection 일정 . It's easy to dispose of your trash, but if you 규칙을 어기다 , you might have to pay a 벌금 .

첫번째로, 전용 쓰레기 봉투를 사는 것이 필요해요. 어느 편의점에서나 살 수 있죠. 아, 하지만 한 가지 확인해야 할 게 있어요. 각 지역마다 서로 다른 쓰레기봉투가 있거든요. 그렇지만, 그냥 동네 마트에서 사세요, 그러면 될 거예요. 두번째로, 쓰레기 봉투를 내놓을 수 있는 적절한 장소를 찾아야 해요. 보통 아파트 건물 앞 도로에 있죠. 마지막으로, 반드시 알맞은 시간에 쓰레기를 내놓아야 해요. 동네의 쓰레기 수거 일정을 확인하세요. 쓰레기를 버리는 건 쉽지만, 만약 규칙을 어기면, 벌금을 내야 할 수도 있죠.

마무리

It's pretty 편리한 , isn't it?

꽤 편리하죠, 그렇지 않나요?

모범 답안

be explained / three steps / need to / garbage bags / convenience store / check / local / in front of / make sure / schedule / break a rule / fine / convenient

Q9 일반 쓰레기 처리 방법

Tell me about how you dispose of your waste. Do you have a specific routine? Describe each step you take to dispose of your garbage.

쓰레기를 어떻게 처리하는지에 대해 말해주세요. 구체적인 일과가 있나요? 쓰레기를 버릴 때의 매 단계를 설명해주세요.

모범답변   MP3 4_18

도입부	본문	마무리
It can be explained in three steps.	• buy special garbage bags • the right place to put your trash bags • put your trash out at the correct time	pretty convenient

도입부

I think it can be explained in three steps.
세 단계로 설명할 수 있을 것 같네요.

본문

First, you need to buy special garbage bags. You can get them from any convenience store. Oh, but you need to check one thing. Every district has different waste bags. But, just buy them from your local mart, and it'll be OK. Second, find the right place to put your trash bags. It's usually on the street in front of your apartment building. Last, make sure you put your trash out at the correct time. Check your neighborhoods trash collection schedule. It's easy to dispose of your trash, but if you break a rule, you might have to pay a fine.

첫번째로, 전용 쓰레기 봉투를 사는 것이 필요해요. 어느 편의점에서나 살 수 있죠. 아, 하지만 한 가지 확인해야 할 게 있어요. 각 지역마다 서로 다른 쓰레기봉투가 있거든요. 그렇지만, 그냥 동네 마트에서 사세요, 그러면 될 거예요. 두번째로, 쓰레기 봉투를 내놓을 수 있는 적절한 장소를 찾아야 해요. 보통 아파트 건물 앞 도로에 있죠. 마지막으로, 반드시 알맞은 시간에 쓰레기를 내놓아야 해요. 동네의 쓰레기 수거 일정을 확인하세요. 쓰레기를 버리는 건 쉽지만, 만약 규칙을 어기면, 벌금을 내야 할 수도 있죠.

마무리

It's pretty convenient, isn't it?
꽤 편리하죠, 그렇지 않나요?

고득점 어휘/표현

어휘/표현

specific 구체적인, 특정한   routine 일과, 차례, 절차   explain ~을 설명하다   special 특수한, 전용의   garbage bag 쓰레기봉투
convenience store 편의점   district 지역, 구역   different 서로 다른, 각각의   local 지역의   right 적절한   in front of ~의 앞에
correct 맞는, 정확한   neighborhood 근처, 인근, 지역   trash collection schedule 쓰레기 수거 일정   break a rule 규칙을 어기다
pay a fine 벌금을 내다   convenient 편리한

Q10 어렸을 때 했던 재활용 경험

I'd like to know about how you recycled when you were young. Do you have any special memories about recycling? Was there a special place in your home for recycling? Tell me everything you remember.

당신이 어렸을 때 어떻게 재활용을 했는지 알고 싶습니다. 재활용과 관련된 특별한 기억이 있나요? 집에 재활용을 위한 특별한 공간이 있었나요? 기억하는 모든 걸 말해주세요.

모범답변

도입부	본문	마무리
몇 가지가 기억남	• 플라스틱, 캔, 다른 물품 두는 각각 다른 쓰레기통 있었음 • 창고에 모아 놓음 • 1층에 모든 것을 가져다 놓음	이게 기억하는 전부임

도입부

I think I remember a few things.
몇 가지가 기억나는 것 같아요.

본문

My mother was always 신경을 쓰는 about 분류하는 것 the recycling. We had different 쓰레기통들 for plastic, cans, and other items. We 모았다 everything in the 창고 . On the recycling day, I check the time for recycling. There was a trash collection schedule at that time. Then, I carried everything down to the first floor. My mother helped me to find the right container.

어머니는 항상 재활용품을 분류하는 데 신경을 쓰셨어요. 플라스틱, 캔, 그리고 다른 물품을 두는 각각 다른 쓰레기통이 있었죠. 우리는 창고에 모으는 걸 모아 놓았어요. 재활용하는 날에 저는 재활용 시간을 확인해요. 그 때는 쓰레기 수거 일정이 있었거든요. 그리고 나서, 저는 1층에 모든 것들을 가져다 놨어요. 어머니는 제가 알맞은 통을 찾을 수 있게 도와줬어요.

마무리

That's all I can remember about recycling.
이게 재활용과 관련해서 기억하는 전부예요.

모범 답안

careful / separating / bins / collected / storage room

I'd like to know about how you recycled when you were young. Do you have any special memories about recycling? Was there a special place in your home for recycling? Tell me everything you remember.

당신이 어렸을 때 어떻게 재활용을 했는지 알고 싶습니다. 재활용과 관련된 특별한 기억이 있나요? 집에 재활용을 위한 특별한 공간이 있었나요? 기억하는 모든 걸 말해주세요.

모범답변

MP3 4_20

도입부	본문	마무리
remember a few things	• had different bins for plastics, cans, and other items • collected everything in the storage room • carried everything down to the first floor	That's all I can remember.

도입부

I think I remember a few things.
몇 가지가 기억나는 것 같아요.

본문

My mother was always careful about separating the recycling. We had different bins for plastic, cans, and other items. We collected everything in the storage room. On the recycling day, I check the time for recycling. There was a trash collection schedule at that time. Then, I carried everything down to the first floor. My mother helped me to find the right container.

어머니는 항상 재활용품을 분류하는 데 신경을 쓰셨어요. 플라스틱, 캔, 그리고 다른 물품을 두는 각각 다른 쓰레기통이 있었죠. 우리는 창고에 모는 걸 모아 놓았어요. 재활용하는 날에 저는 재활용 시간을 확인해요. 그 때는 쓰레기 수거 일정이 있었거든요. 그리고 나서, 저는 1층에 모는 것들을 가져다 놨어요. 어머니는 제가 알맞은 통을 찾을 수 있게 도와줬어요.

마무리

That's all I can remember about recycling.
이게 재활용과 관련해서 기억하는 전부예요.

고득점 어휘/표현

어휘/표현

careful 신경을 쓰는   separate 분류하다   bins 통   collect 모으다, 수집하다   storage room 창고   trash 쓰레기   container 용기, 통

STEP 5 나만의 OPIc 답변 만들어 보기

• 내가 하는 재활용

• 일반 쓰레기 처리 방법

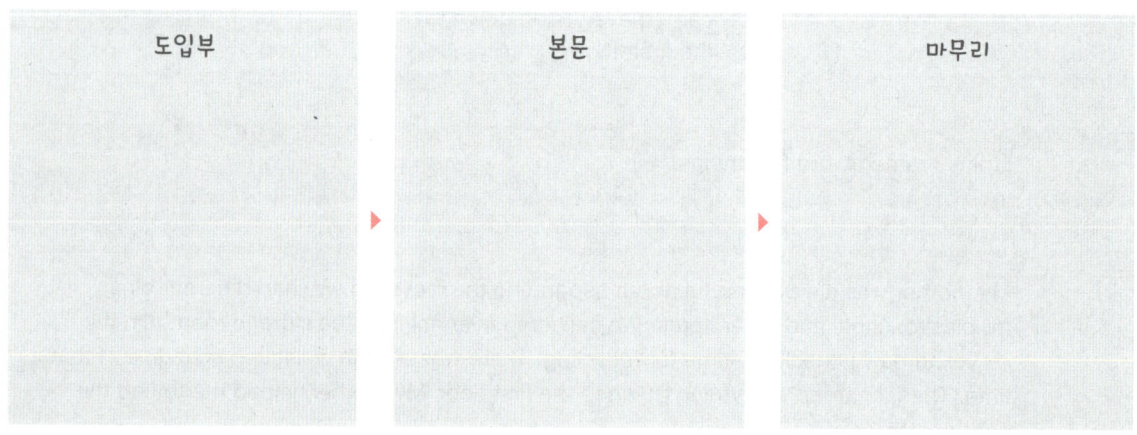

• 어렸을 때 했던 재활용 경험

STEP 1 기출 포인트 파악하기

가장 많이 나오는 3 COMBO 세트

❶ 자전거 대여 질문

I'd like to give you a situation to act out. Let's suppose that you are planning to rent a bike. Call the bike rental company and ask the clerk two or three questions.

당신에게 주어진 상황에 대해 역할극을 해주세요. 당신이 자전거를 빌리려고 한다고 가정해 봅시다. 자전거 대여 회사에 전화해서 직원에게 두세 가지 질문을 해주세요.

❷ 원하는 자전거가 없는 상황 문제 해결

I'm sorry, but there's a problem I need you to resolve. The bike rental company said they don't have the particular bike you're trying to rent. I would like you to explain to the staff why you really need it and suggest two to three alternatives to this matter.

유감스럽게도, 당신이 해결해야 할 문제가 있습니다. 자전거 대여 회사가 당신이 빌리려고 하는 특정한 자전거가 없다고 했습니다. 직원에게 왜 그 자전거가 정말로 필요한지 설명하고 이 문제에 대해 두세 가지 대안을 제시해주세요.

❸ 자전거를 빌린 경험

That's the end of the situation. When was the last time you rented a bike? Why did you have to rent a bike? Where did you do it? Please tell me everything about renting a bike in detail.

상황극이 끝났습니다. 가장 최근에 자전거를 대여한 때는 언제였나요? 왜 대여해야만 했나요? 어디서 빌렸나요? 자전거를 대여하는 것에 대해 모든 걸 자세히 말해주세요.

> **오픽 꿀팁** 추가 빈출 문제
>
> 오픽 시험에서 11, 12, 13번 문제는 항상 롤플레이 유형으로 출제돼요. 주제와 관계없이 문제의 유형은 아래와 같이 등장해요. 위 주어진 문제에서 듣기 키워드를 표시했으니 반드시 알아두세요. 또한 주어진 상황을 잘 듣고 감정을 실어 약간의 연기력을 더해주는 것을 추천해요.
>
> **Q11 질문하기**
> I'd like to give you a situation to act out. Let's suppose that you are planning to rent a bike. Call the bike rental company and ask the clerk two to three questions.
>
> **Q12 문제 해결하기**
> I'm sorry, but there's a problem I need you to resolve. The bike rental company said they don't have the particular bike you're trying to rent. I would like you to explain to the staff why you really need it and suggest two to three alternatives to this matter.
>
> **Q13 경험 이야기하기**
> That's the end of the situation. When was the last time you rented a bike? Why did you have to rent a bike? Where did you do it? Please tell me everything about renting a bike in detail.

어휘와 패턴 익히기

제시된 오늘의 어휘와 패턴을 익히고 답변에 사용하고자 하는 어휘나 패턴에 체크해보세요.

어휘

☐	대여소	rental shop
☐	편안한	comfortable
☐	요금	rate
☐	보험	insurance
☐	합리적으로, 적정하게	reasonably
☐	이용할 수 있는, 입수할 수 있는	available
☐	취소, 예약 취소	cancelation
☐	길	path
☐	옷, 복장	outfits
☐	장구, 장비	gear

패턴

• Can I ask you   ~을 물어봐도 될까요?

Can I ask you a few questions about renting a bike?
자전거를 빌리는 데 대해서 몇 가지 질문해도 괜찮을까요?

_____ a few questions about this special bike?
이 특별한 자전거에 대해서 몇 가지 질문해도 괜찮을까요?

• set ~ up with   ~에게 ~을 주다

They set us up with everything.
그들은 필요한 모든 것을 줬어요.

He _____ me _____ safety gear.
그는 나에게 보호 장비를 줬어요.

나만의 문장 만들기

주어진 우리말을 보고 빈칸을 채우고 아래 모범 답안을 확인해보세요.

❶ 자전거 대여 질문

어떤 자전거 종류 추천	어떤 종류 of bike would you 추천하다 ?
대여료가 어떻게 되는지	What is your 가격 ?
보험에 대한 정보가 있는지	Do you have any information about 보험 ?

❷ 원하는 자전거가 없는 상황 문제 해결

보유 자전거 다시 확인해 주실래요?	Can you 확인하다 your bikes again?
다른 자전거를 빌릴 수 있는 지점이 있을까요?	Is there 다른 지점 of your store that I can borrow other bikes?
고급 자전거 있나요?	If you have 고급의, 고품질의 bikes, then I want to borrow it.

❸ 자전거를 빌린 경험

지난 여름 제주도 갔을 때 자전거 빌림	I 빌렸다 a bike when I went to Jeju last summer.
친구와 제주도 전체 돌기로 계획했음	My friend and I 계획 했다 to bike all the way around Jeju.
좋은 자전거와 장비 필요했음	Obviously, we needed good bikes and 장비 .

모범 답안

❶ What kind / recommend / rate / insurance
❷ check / another branch / high-quality
❸ rented / planned / equipment

실전 문제를 듣고 빈칸을 채우거나 소리내 말해보고 아래 모범 답안을 확인해보세요.

🔊 MP3 4_21

Q11 자전거 대여 질문

I'd like to give you a situation to act out. Let's suppose that you are planning to rent a bike. Call the bike rental company and ask the clerk two or three questions.

당신에게 주어진 상황에 대해 역할극을 해주세요. 당신이 자전거를 빌리려고 한다고 가정해 봅시다. 자전거 대여 회사에 전화해서 직원에게 두세 가지 질문을 해주세요.

모범답변

도입부	본문	마무리
자전거 대여에 대한 몇 가지 질문있음	• 어떤 종류의 자전거를 추천하는지 • 대여료가 어떻게 되는지 • 보험에 대한 정보가 있는지	이게 다임

도입부

Hello, is this the bike 대여소 ? Great. Can I ask you a few questions about renting a bike?

여보세요, 거기 자전거 대여소 맞나요? 좋아요. 자전거를 빌리는 데 대해서 몇 가지 질문해도 괜찮을까요?

본문

First, what kind of bike would you 추천하다 ? I plan to go on a bike 코스   ~을 따라   the river. It's about 20 kilometers long. I want a good bike so I'll be 편안한 . Second, what is your 요금 ? I think I should 빌리다   the bike for the 하루 내내 . Last, do you have any information about 보험 ? If the insurance is 합리적으로   priced, then I'll get it.

첫번째로, 어떤 종류의 자전거를 추천해주실 수 있나요? 강을 따라서 이어지는 자전거 코스를 가려고 해요. 대략 20 킬로미터 거리이죠. 좋은 자전거를 빌려서 편하게 가고 싶어요. 두번째로, 대여료가 어떻게 되나요? 하루 종일 자전거를 빌려야 할 것 같아요. 보험에 대한 정보가 있나요? 보험료가 적당하다면, 그걸 들게요.

마무리

That's all I need to know. Thanks for your help.

알아보려는 건 이게 다예요. 도와주셔서 감사해요.

모범 답안

rental shop / recommend / trail / along / comfortable / rate / rent / whole day / insurance / reasonably

Q11 **자전거 대여 질문**

I'd like to give you a situation to act out. Let's suppose that you are planning to rent a bike. Call the bike rental company and ask the clerk two or three questions.

당신에게 주어진 상황에 대해 역할극을 해주세요. 당신이 자전거를 빌리려고 한다고 가정해 봅시다. 자전거 대여 회사에 전화해서 직원에게 두세 가지 질문을 해주세요.

모범답변

▶) MP3 4_22

도입부	본문	마무리
a few questions about renting a bike	• what kind of bike, recommend • what is your rate • have any information about insurance	That's all.

도입부

Hello, is this the bike rental shop? Great. Can I ask you a few questions about renting a bike?

여보세요, 거기 자전거 대여소 맞나요? 좋아요. 자전거를 빌리는 데 대해서 몇 가지 질문해도 괜찮을까요?

본문

First, what kind of bike would you recommend? I plan to go on a bike trail along the river. It's about 20 kilometers long. I want a good bike so I'll be comfortable. Second, what is your rate? I think I should rent the bike for the whole day. Last, do you have any information about insurance? If the insurance is reasonably priced, then I'll get it.

첫번째로, 어떤 종류의 자전거를 추천해주실 수 있나요? 강을 따라서 이어지는 자전거 코스를 가려고 해요. 대략 20 킬로미터 거리이죠. 좋은 자전거를 빌려서 편하게 가고 싶어요. 두번째로, 대여료가 어떻게 되나요? 하루 종일 자전거를 빌려야 할 것 같아요. 보험에 대한 정보가 있나요? 보험료가 적당하다면, 그걸 들게요.

마무리

That's all I need to know. Thanks for your help.

알아보려는 건 이게 다예요. 도와주셔서 감사해요.

고득점 어휘/표현

어휘/표현

suppose ~라고 가정하다, 상상하다　rent 빌리다, 대여하다　clerk 사원, 점원　rental shop 대여소　recommend 추천하다　trail 코스, 길　comfortable 편안한　rate 요금　whole 전체의, 꼬박　insurance 보험　reasonably 합리적으로, 적정하게

Q12 원하는 자전거가 없는 상황 문제 해결

I'm sorry, but there's a problem I need you to resolve. The bike rental company said they don't have the particular bike you're trying to rent. I would like you to explain to the staff why you really need it and suggest two to three alternatives to this matter.

유감스럽게도, 당신이 해결해야 할 문제가 있습니다. 자전거 대여 회사가 당신이 빌리려고 하는 특정한 자전거가 없다고 했습니다. 직원에게 왜 그 자전거가 정말로 필요한지 설명하고 이 문제에 대해 두세 가지 대안을 제시해주세요.

모범답변

도입부	본문	마무리
두세 가지 대안을 줄 수 있음	• 자전거를 다시 확인해 줄 수 있는지 • 다른 자전거를 빌릴 수 있는 다른 지점이 있는지 • 고급 자전거가 있는지	알려주길 바람

도입부

Hi. I heard that the bike I [요청했다] is not [이용할 수 있는] . Maybe I can give you some alternatives on this [문제] .

안녕하세요, 제가 요청한 자전거를 구할 수 없다고 들었어요. 어쩌면 제가 이 문제에 대해 두세 가지 대안을 줄 수 있을 것 같아요.

본문

First, can you check your bikes again? When I made the request, it said that it was available. Or, maybe there was a [취소] . Second, is there another [지점] of your store that I can borrow other bikes? If you give me their [연락처] , then I can call and ask them. Last, if you have [고급] bikes, then I want to borrow it.

우선, 보유한 자전거를 다시 확인해 주실래요? 제가 요청했을 땐, 사용 가능하다고 했거든요. 아니면, 예약이 취소됐을 수도 있어요. 두 번째로, 제가 다른 자전거를 빌릴 수 있는 다른 지점이 있을까요? 연락처를 주시면, 전화해서 물어볼게요. 마지막으로, 만약 고급 자전거가 있다면, 빌리고 싶어요.

마무리

Please let me know.

알려주세요.

모범 답안

requested / available / problem / cancelation / branch / contact number / high-quality

I'm sorry, but there's a problem I need you to resolve. The bike rental company said they don't have the particular bike you're trying to rent. I would like you to explain to the staff why you really need it and suggest two to three alternatives to this matter.

유감스럽게도, 당신이 해결해야 할 문제가 있습니다. 자전거 대여 회사가 당신이 빌리려고 하는 특정한 자전거가 없다고 했습니다. 직원에게 왜 그 자전거가 정말로 필요한지 설명하고 이 문제에 대해 두세 가지 대안을 제시해주세요.

모범답변

🔊 MP3 4_24

도입부	본문	마무리
some alternatives on this problem	• check your bikes again • another branch, that I can borrow other bikes • have high-quality bikes	Let me know.

도입부

Hi. I heard that the bike I requested is not available. Maybe I can give you some alternatives on this problem.

안녕하세요, 제가 요청한 자전거를 구할 수 없다고 들었어요. 어쩌면 제가 이 문제에 대해 두세 가지 대안을 줄 수 있을 것 같아요.

본문

First, can you check your bikes again? When I made the request, it said that it was available. Or, maybe there was a cancelation. Second, is there another branch of your store that I can borrow other bikes? If you give me their contact number, then I can call and ask them. Last, If you have high-quality bikes, then I want to borrow it.

우선, 보유한 자전거를 다시 확인해 주실래요? 제가 요청했을 땐, 사용 가능하다고 했거든요. 아니면, 예약이 취소됐을 수도 있어요. 두 번째로, 제가 다른 자전거를 빌릴 수 있는 다른 지점이 있을까요? 연락처를 주시면, 전화해서 물어볼게요. 마지막으로, 만약 고급 자전거가 있다면, 빌리고 싶어요.

마무리

Please let me know.
알려주세요.

고득점 어휘/표현

어휘/표현

resolve 해결하다   bike rental company 자전거 대여 회사   particular 특정한, 특히 이   try to~ ~하려고 하다   rent 빌리다, 대여하다
explain 설명하다   cancelation 취소, 예약 취소   have to ~ 틀림없이~일 것이다   branch 지점   contact 연락하다   contact number 연락처   high-quality 고급의, 고품질의

Q13 자전거를 빌린 경험

That's the end of the situation. When was the last time you rented a bike? Why did you have to rent a bike? Where did you do it? Please tell me everything about renting a bike in detail.

상황극이 끝났습니다. 가장 최근에 자전거를 대여한 때는 언제였나요? 왜 대여해야만 했나요? 어디서 빌렸나요? 자전거를 대여하는 것에 대해 모든 걸 자세히 말해주세요.

모범답변

도입부	본문	마무리
지난 여름 자전거를 빌림	• 자전거 대여소에 연락함 • 모든 것들을 준비해줌 • 삼일 째, 친구가 다침	멋진 경험이었음

도입부

I [빌렸다] a bike when I went to Jeju last summer.

지난 여름 제주도에 갔을 때 자전거를 빌렸어요.

본문

My friend and I planned to [자전거를 타다] all the way around Jeju. There's a path you can ride a bike. [분명히] , we needed good bikes and [장비] . Before the trip, we [연락했다] a bike rental shop, and they set us up with everything. So, we had good bikes, riding [복장들] , helmets, and other gear. We planned to ride for four days. It was a comfortable [속도] with a great start. But then my friend got [다친] on the third day. We had to stop early.

저와 제 친구는 제주도 전체를 자전거를 타고 둘러보기로 계획했어요. 자전거를 타고 갈 수 있는 길이 있거든요. 분명히, 우린 좋은 자전거와 장비가 필요했죠. 여행 전에, 자전거 대여소에 연락했고, 그들은 필요한 모든 것을 줬어요. 그래서, 좋은 자전거, 라이딩용 옷, 헬멧, 그리고 다른 장비도 갖췄죠. 우리는 사흘 동안 타기로 계획을 세웠어요. 우리는 편안한 속도로 순조로운 출발을 했죠. 하지만 그 후 삼 일째에 제 친구가 다치고 말았어요. 일찍 끝낼 수밖에 없었죠.

마무리

Oh well. It was still a great experience.

아 어쨌든. 그래도 멋진 경험이었어요.

모범답안

rented / bike / Obviously / equipment / contacted / outfits / pace / hurt

That's the end of the situation. When was the last time you rented a bike? Why did you have to rent a bike? Where did you do it? Please tell me everything about renting a bike in detail.

상황극이 끝났습니다. 가장 최근에 자전거를 대여한 때는 언제였나요? 왜 대여해야만 했나요? 어디서 빌렸나요? 자전거를 대여하는 것에 대해 모든 걸 자세히 말해주세요.

모범답변

🔊 MP3 4_26

도입부	본문	마무리
rent a bike, last summer	• contacted a bike rental shop • set us up with everything • on the third day, my friend got hurt	was a great experience

도입부

I rented a bike when I went to Jeju last summer.

지난 여름 제주도에 갔을 때 자전거를 빌렸어요.

본문

My friend and I planned to bike all the way around Jeju. There's a path you can ride a bike. Obviously, we needed good bikes and equipment. Before the trip, we contacted a bike rental shop, and they set us up with everything. So, we had good bikes, riding outfits, helmets, and other gear. We planned to ride for four days. It was a comfortable pace with a great start. But then my friend got hurt on the third day. We had to stop early.

저와 제 친구는 제주도 전체를 자전거를 타고 둘러보기로 계획했어요. 자전거를 타고 갈 수 있는 길이 있거든요. 분명히, 우린 좋은 자전거와 장비가 필요했죠. 여행 전에, 자전거 대여소에 연락했고, 그들은 필요한 모든 것을 줬어요. 그래서, 좋은 자전거, 라이딩용 옷, 헬멧, 그리고 다른 장비도 갖췄죠. 우리는 사흘 동안 타기로 계획을 세웠어요. 우리는 편안한 속도로 순조로운 출발을 했죠. 하지만 그 후 삼 일째에 제 친구가 다치고 말았어요. 일찍 끝낼 수밖에 없었죠.

마무리

Oh well. It was still a great experience.

아 어쨌든. 그래도 멋진 경험이었어요.

고득점 어휘/표현

어휘/표현

rent 빌리다, 대여하다　bike 자전거를 타고 가다　obviously 분명히, 명백하게　equipment 장비　contact 연락하다　set ~ up with ~에게 ~을 주다　outfit 옷, 복장　gear 장구, 장비　comfortable 편한, 쉽게 할 수 있는　pace 속도　get hurt 다치다, 부상을 입다　experience 경험

• 자전거 대여 질문

• 원하는 자전거가 없는 상황 문제 해결

• 자전거를 빌린 경험

DAY 7
★★★★☆
Q 14 15
음악 감상하기

DATE_____

음성강의 듣기

STEP 1 **기출 포인트 파악하기**

가장 많이 나오는 2 COMBO 세트

❶ 좋아하는 음악 비교

Tell me about the similarities and differences between two genres of music you like.

당신이 좋아하는 두 가지 음악 장르의 공통점과 차이점에 대해 말해주세요.

❷ 사람들이 음악을 듣는 데 사용하는 장치

People use many different devices to listen to music. What devices do people in your country use to listen to music?

사람들은 음악을 듣는 데 다양한 기기를 사용합니다. 당신의 나라 사람들은 어떤 기기를 사용하나요?

오픽 꿀팁 추가 빈출 문제

요즘 언급 되는 음악 관련 기기
Explain some of the new electronic gadgets or equipment that people who enjoy music are currently interested in. What hot topics or trends are they discussing? Describe some of the new products that they are excited about and why.

요즘에 음악을 즐겨 듣는 사람들이 관심 있어 하는 최신 음악 관련 기기들을 설명해 주세요. 어떤 것이 최대 관심사나 트렌드로 논의 되고 있나요? 그들이 흥미있어하는 새로운 제품에 대해 묘사해 주시고, 왜 그런지도 말해주세요.

어휘와 패턴 익히기

제시된 오늘의 어휘와 패턴을 익히고 답변에 사용하고자 하는 어휘나 패턴에 체크해보세요.

어휘

☐	다름, 차이점	difference
☐	비슷함, 유사점	similarity
☐	멜로디	melody
☐	가사	lyrics
☐	주제	theme
☐	사랑에 빠지다	fall in love
☐	헤어지다	break up
☐	귀에 쏙 들어오는, 중독성 있는	catchy
☐	초소형 이어폰	earbuds
☐	음질	sound quality

패턴

• to talk about   ~에 관해서는

To talk about other trends, everyone uses Bluetooth earbuds now.
다른 유행에 관해서는, 모두들 이젠 블루투스 소형 이어폰을 쓰죠.

_____ music, I have a lot to say.
노래에 관해서는 할 말이 많아요.

• There are a lot of ways to   ~하는 방법이 정말 많다

There are a lot of ways to listen to music these days.
요즘에는 음악을 듣는 방법이 정말 많아요.

_____ download music files.
요즘에는 음악을 다운 받을 수 있는 방법이 정말 많아요.

나만의 문장 만들기

주어진 우리말을 보고 빈칸을 채우고 아래 모범 답안을 확인해보세요.

❶ 좋아하는 음악 비교 – 공통점 (1)

유행을 앞서 감	They're both 유행을 앞서가는 .
빠른 박자, 소리 큼	They have 빠른 박자 and 소리가 큰 .
멜로디가 귀에 쏙 들어옴	The melody is 귀에 쏙 들어오는

❷ 좋아하는 음악 비교 – 공통점 (2)

곡 주제 비슷	I think the 주제 of the songs are similar.
많은 대중가요가 관계에 관한 것	A lot of pop songs are about 관계 .
사랑에 빠지거나 헤어지는 것	It's like 사랑에 빠지는 것 or 헤어지는 것 .

❸ 사람들이 음악을 듣는 데 사용하는 장치

스마트폰 사용	People 스마트폰을 사용하다 to listen to music these days.
인기있는 음악 스트리밍 서비스 많음	There are many 인기 있는 음악 스트리밍 서비스 .
블루투스 소형 이어폰 씀	Everyone uses 블루투스 소형 이어폰 now.

모범 답안

❶ trendy / fast beats / loud / catchy
❷ themes / relationships / falling in love / breaking up
❸ use smartphones / popular / music streaming services / Bluetooth earbuds

실전 문제를 듣고 빈칸을 채우거나 소리내 말해보고 아래 모범 답안을 확인해보세요.

🔊 MP3 4_27

Q14 좋아하는 음악 비교

Tell me about the similarities and differences between two genres of music you like.

당신이 좋아하는 두 가지 음악 장르의 공통점과 차이점에 대해 말해주세요.

모범답변

도입부	본문	마무리
미국 팝과 케이팝의 공통점과 차이점	• 유행을 앞서감, 소리가 비슷함 • 언어가 다름 • 케이팝 가사 훨씬 더 이해하기 쉬움	이게 전부임

도입부

I think I can talk about some similarities and [차이점들] between American pop and K-pop.

미국 팝 음악과 케이팝 사이의 공통점과 차이점에 대해 말할 수 있을 것 같아요.

본문

First, I'll talk about the [비슷한 점들]. They sound similar because they're both [유행을 앞서가는]. You know, they have [빠른 박자] and loud. Also the [멜로디] is [귀에 쏙 들어오는, 중독성 있는]. I think the [주제] of the songs are similar, too. A lot of pop songs are about [관계], like falling in love or breaking up. As for the differences, [언어] is different. K-pop is in Korean, American pop is in English. So, K-pop [가사] are much easier to [이해하다]. When I want to study English, I usually listen to American pop.

우선, 공통점에 대해서 말해볼게요. 두가지 모두 유행을 앞서가기 때문에 소리가 비슷해요. 그러니까, 박자가 빠르고 소리가 커요. 또한, 멜로디가 귀에 쏙 들어와요. 곡의 주제도 비슷한 것 같아요. 많은 대중가요가 사랑에 빠지거나 헤어지는 것과 같은 관계에 대한 것이에요. 차이점에 대해서라면, 언어가 달라요. 케이팝은 한국어로 되어있고 미국 팝송은 영어로 되어 있어요. 그래서 케이팝 가사는 훨씬 더 이해하기 쉬워요. 제가 영어를 공부하고 싶을 때, 주로 미국 팝 음악을 들어요.

마무리

That's all I can think of right now.

이게 지금 당장 생각해낼 수 있는 전부에요.

모범답안

differences / similarities / trendy / fast beats / melody / catchy / themes / relationships / language / lyrics / understand

Q14 좋아하는 음악 비교

Tell me about the similarities and differences between two genres of music you like.

당신이 좋아하는 두 가지 음악 장르의 공통점과 차이점에 대해 말해주세요.

모범답변

도입부	본문	마무리
similarities and differences between American pop and K-pop	• trendy, sound similar • Language is different. • K-pop, much easier to understand	That's all.

도입부

I think I can talk about some similarities and differences between American pop and K-pop.

미국 팝 음악과 케이팝 사이의 공통점과 차이점에 대해 말할 수 있을 것 같아요.

본문

First, I'll talk about the similarities. They sound similar because they're both trendy. You know, they have fast beats and loud. Also the melody is catchy. I think the themes of the songs are similar, too. A lot of pop songs are about relationships, like falling in love or breaking up. As for the differences, language is different. K-pop is in Korean, American pop is in English. So, K-pop lyrics are much easier to understand. When I want to study English, I usually listen to American pop.

우선, 공통점에 대해서 말해볼게요. 두가지 모두 유행을 앞서가기 때문에 소리가 비슷해요. 그러니까, 박자가 빠르고 소리가 커요. 또한, 멜로디가 귀에 쏙 들어와요. 곡의 주제도 비슷한 것 같아요. 많은 대중가요가 사랑에 빠지거나 헤어지는 것과 같은 관계에 대한 것이에요. 차이점에 대해서라면, 언어가 달라요. 케이팝은 한국어로 되어있고 미국 팝송은 영어로 되어 있어요. 그래서 케이팝 가사는 훨씬 더 이해하기 쉬워요. 제가 영어를 공부하고 싶을 때, 주로 미국 팝 음악을 들어요.

마무리

That's all I can think of right now.

이게 지금 당장 생각해낼 수 있는 전부예요.

고득점 어휘/표현

어휘/표현

similarities 비슷한 점, 유사점   difference 다름, 다른 점   trendy 유행을 앞서가는   beats 박자   melody 멜로디, 선율   catchy 귀에 쏙 들어오는, 중독성 있는   themes 주제   relationships 관계   lyrics 가사   understand 이해하다

Q15 사람들이 음악을 듣는 데 사용하는 장치

People use many different devices to listen to music. What devices do people in your country use to listen to music?

사람들은 음악을 듣는 데 다양한 기기를 사용합니다. 당신의 나라 사람들은 어떤 기기를 사용해서 음악을 듣나요?

모범답변

도입부	본문	마무리
몇 가지 기기가 있음	• 스마트폰을 사용함 • 인기있는 음악 스트리밍 서비스가 많음 • 블루투스 소형 이어폰을 사용함	대충 이러함

도입부

There are a few [기기들] people use to listen to music these days.

요즘에 사람들이 음악을 듣기 위해 사용하는 기기가 몇 가지 있어요.

본문

First, people use smartphones smartphone to listen to music these days. [아무도] uses mp3 players anymore. There are many popular music streaming services. Melon is a popular music streaming app in Korea. There is Genie too. Then again, a lot of people find music on YouTube to listen to. To talk about other [유행들], everyone uses Bluetooth [소형 이어폰] now. Apple AirPods and Galaxy Buds are some of the best. Both [브랜드들] are easy to use, and their [음질] is great, too.

우선, 요즘은 사람들이 음악을 듣는 데 스마트폰을 사용해요. 더 이상 누구도 mp3 플레이어를 사용하지 않아요. 인기있는 음악 스트리밍 서비스가 많이 있어요. 멜론은 한국에서 인기있는 음악 스트리밍 앱이에요. 지니도 있죠. 또 한편으로는, 많은 사람들이 유튜브에서 음악을 찾아서 듣기도 해요. 다른 유행에 관해서는, 모두들 이젠 블루투스 소형 이어폰을 쓰죠. 애플의 에어팟과 갤럭시 버즈가 가장 좋은 것들 중 일부예요. 두 제품 다 쓰기 쉽고, 음질도 훌륭해요.

마무리

That's about it. There are a lot of [방법들] to listen to music these days.

대충 그래요. 요즘에는 음악을 듣는 방법이 정말 많아요.

모범 답안

devices / No one / trends / earbuds / brands / sound quality / ways

Q15 사람들이 음악을 듣는 데 사용하는 장치

People use many different devices to listen to music. What devices do people in your country use to listen to music?

사람들은 음악을 듣는 데 다양한 기기를 사용합니다. 당신의 나라 사람들은 어떤 기기를 사용해서 음악을 듣나요?

모범답변

◀)) MP3 4_30

도입부	본문	마무리
There are a few devices.	• use smartphones • many popular music streaming services • use Bluetooth earbuds	That's about it.

도입부

There are a few devices people use to listen to music these days.

요즘에 사람들이 음악을 듣기 위해 사용하는 기기가 몇 가지 있어요.

본문

First, people use smartphones to listen to music these days. No one uses mp3 players anymore. There are many popular music streaming services. Melon is a popular music streaming app in Korea. There is Genie too. Then again, a lot of people find music on YouTube to listen to. To talk about other trends, everyone uses Bluetooth earbuds now. Apple AirPods and Galaxy Buds are some of the best. Both brands are easy to use, and their sound quality is great, too.

우선, 요즘은 사람들이 음악을 듣는 데 스마트폰을 사용해요. 더 이상 누구도 mp3 플레이어를 사용하지 않아요. 인기있는 음악 스트리밍 서비스가 많이 있어요. 멜론은 한국에서 인기있는 음악 스트리밍 앱이에요. 지니도 있죠. 또 한편으로는, 많은 사람들이 유튜브에서 음악을 찾아서 듣기도 해요. 다른 유행에 관해서는, 모두들 이젠 블루투스 소형 이어폰을 쓰죠. 애플의 에어팟과 갤럭시 버즈가 가장 좋은 것들 중 일부예요. 두 제품 다 쓰기 쉽고, 음질도 훌륭해요.

마무리

That's about it. There are a lot of ways to listen to music these days.

대충 그래요. 요즘에는 음악을 듣는 방법이 정말 많아요.

고득점 어휘/표현

어휘/표현

device 장치, 기구   listen to music 음악을 듣다   these days 요즘에는   popular 인기있는, 대중적인   favorite 특히 좋아하는 것   available 이용 가능한   then again 또 한편으로는, 그렇지 않고 또   trend 동향, 추세, 유행   earbuds 초소형 이어폰   That's about it 대충 그렇다, 그게 전부다

• 좋아하는 음악 비교

• 사람들이 음악을 듣는 데 사용하는 장치